DE

LA MONARCHIE

REPRÉSENTATIVE

BASÉE

SUR LA SOUVERAINETÉ RATIONNELLE

IMPRIMERIE DE Mme HUZARD (NÉE VALLAT LA CHAPELLE),
rue de l'Éperon, n° 7.

DE

LA MONARCHIE

REPRÉSENTATIVE

BASÉE

SUR LA SOUVERAINETÉ RATIONNELLE.

PAR AL[DRE] C. DE VAUX,

SUBSTITUT DU PROCUREUR DU ROI.

« Si celui qui travaille au grand œuvre de la régénération politique est digne de cette mission et qu'il reconnaisse que le gouvernement représentatif est le plus conforme à l'état actuel de la civilisation, il l'adoptera franchement avec toutes ses conséquences. »

HENRION DE PANSEY, *du Pouvoir municipal*, liv. I, chap. 1.

PARIS,

THÉOPHILE BARROIS père et BENJAMIN DUPRAT,

Rue Hautefeuille, n° 28.

—

1836

AVERTISSEMENT.

Ce n'est pas à un magistrat jeune encore, inconnu sur la scène politique, qu'il appartient d'approfondir et de résoudre les hautes questions que les publicistes les plus distingués par leur instruction et leur expérience n'abordent eux-mêmes qu'en hésitant : aussi loin de moi cette prétention. Quelle autorité pourrait avoir mon opinion personnelle dans des controverses où de chaque côté l'on peut invoquer des noms célèbres? Mais s'il y a témérité à se jeter en aveugle dans une lice qui ne devrait être ouverte qu'à des athlètes éprouvés, il est permis à tout le monde d'étudier l'origine, l'esprit et la portée des institutions de son pays; c'est même un devoir pour un magistrat : l'accomplissement de ce devoir m'a suggéré la pensée de l'écrit qu'on va lire. Il ne faut donc point y chercher de savantes discussions, de séduisans projets de réforme, de brillantes théories; mais seulement des considérations qui paraîtront, je le désire, plus solides qu'elles ne sont neuves, sur le caractère essentiellement rationnel et civilisant de la monarchie représentative.

Si la société n'avait jamais été gouvernée que selon les règles de la droite raison, un ordre parfait aurait toujours régné dans la famille et dans l'État : la paix, le bien-être, la vraie liberté en auraient été les fruits; mais l'ignorance des siècles barbares et les passions qui divisent les hommes fermèrent trop long-temps les voies de la perfectibilité; la sagesse des anciens échoua dans la poursuite du bonheur et de la vraie liberté, parce que les institutions civiles neutralisèrent, dans l'application, l'effet des principes libéraux d'une organisation politique elle-même trop imparfaite.

Le christianisme, en répandant dans le monde sa lumière divine, fonda la liberté sur des principes plus larges et plus féconds : améliorer la condition de l'homme, l'affranchir des vieilles servitudes de la barbarie, le rendre ainsi à sa dignité native, tel a été l'inappréciable bienfait dont nous lui sommes redevables. Ce bienfait ne resta pas stérile; car l'homme ainsi affranchi fut l'homme de la civilisation nouvelle.

Plus tard, une grande révolution intellectuelle s'opéra : inspirée par l'esprit d'examen et d'éclectisme, elle fit faire d'immenses progrès aux sciences dans tout ce qui est du domaine de la raison. Celle de toutes qui intéresse le plus l'humanité, la politique, dut surtout se ressentir de ce mouvement imprimé aux intelligences; elle fut analysée; les droits et les devoirs de l'homme furent discutés; l'autorité étant rappelée à sa source première, la raison recouvra un empire qu'elle n'aurait jamais dû perdre : de là un mode nouveau de gouvernement.

Tracer les principaux caractères du gouvernement rationnel, résultat des progrès de la civilisation; montrer que ces caractères se rencontrent dans la monarchie représentative, tel est l'objet de cet essai. Les considérations qu'il renferme sont, je crois, propres à augmenter notre respect pour la loi et l'autorité, et notre amour pour nos institutions; car il y a quelque chose de consolant et de flatteur à voir dans le système qui nous régit un gouvernement approprié à notre nature libre et intelligente, et de pouvoir se dire : homme privé, j'obéis à ma raison; citoyen, j'obéis à la loi, expression de la raison publique.

DE
LA MONARCHIE
REPRÉSENTATIVE
BASÉE
SUR LA SOUVERAINETÉ RATIONNELLE.

CHAPITRE Ier.

De la souveraineté rationnelle.

Les progrès de la civilisation ont partout amené la réforme successive des lois. Si telle a été l'influence du développement de l'intelligence sur le gouvernement des peuples, ce n'est pas se jeter dans une vaine théorie que de reconnaître, dans la raison, le véritable principe de l'autorité.

En effet, le pouvoir, toujours despotique dans des temps barbares, doit être intelligent et juste dans des temps civilisés; par cela même qu'il commande à des hommes libres et instruits, il a besoin de le faire avec sagesse et équité; il doit donc faire un appel au jugement des plus éclairés et rechercher, dans leur adhésion et leur concours, cette puissance morale qu'exerce la raison publique sur la société : de là ces questions : en quoi consiste la souveraineté rationnelle? que doit-on entendre par la raison publique?

La raison spéculative dans l'homme est l'ensemble des connaissances qui éclairent son esprit.

Par la raison pratique, il se dirige selon ces lumières.

De même, il existe dans la société une masse de vérités dont la manifestation, soit qu'elle vienne de Dieu, des traditions ou de l'expérience, s'augmente avec la civilisation : l'ensemble de ces vérités forme la raison publique proprement dite, ou la raison spéculative de la société.

Celle-ci, se composant de toutes les notions exactes, de toutes les vérités connues, il est évident que la loi naturelle, la religion, la philosophie sont comprises dans ces notions et ces vérités qui éclairent l'intelligence des peuples.

« Toutes les lois, dit Bossuet, sont fondées sur la première de toutes, qui est celle de la nature, c'est à dire *sur la droite raison* et *sur l'équité naturelle.* » (Politique sacrée, liv. Ier, chap. IV, prop. 2.)

Puffendorf et Burlamaqui regardent aussi la raison comme le fondement du droit naturel. Burlamaqui s'exprime ainsi : « *Le droit de commander est en dernier ressort fondé sur l'approbation de la raison.* »

Avec le temps et par les progrès de la civilisation, la raison publique dut embrasser toute la législation positive, parce qu'elle dut successivement faire rejeter ce qui, étant contraire à la raison, l'est à notre nature intelligente.

« La parole parlée et écrite a le droit de faire partout et toujours son appel à l'intelligence de tous. Ce grand tribunitiat de la raison domine et dominera de plus en plus tous les autres pouvoirs émanés de lui ; elle remue et remuera toutes les questions sociales, religieuses, politiques, nationales avec la force que l'opinion lui prêtera au fur et à mesure de la conviction, *jusqu'à ce que la raison humaine*, éclairée d'un rayon qu'il plaira à Dieu de lui prêter, *soit rentrée en possession du monde social tout entier*, et que, satisfaite de son œuvre logique, elle dise comme le Créateur : ce que j'ai fait est bien. (De Lamartine, *Voyage en Orient*, résumé politique, t. IV, p. 304.)

» Où donc est *la souveraineté?* dans *la raison de la société même*, dans l'esprit du peuple. Une nation, comme un artiste, dispose de ses idées et n'en répond qu'à Dieu, elle *confie ses destinées à son intelligence*, et elle sent qu'il n'y a qu'un droit parce qu'il n'y a qu'une vérité. » (Lerminier, *Revue des deux Mondes*, 1834.)

Quelques personnes pensent que le christianisme, comme vérité absolue, constitue seul la raison publique de la société : ont-elles suffisamment réfléchi que le christianisme est une loi plutôt religieuse que politique ; qu'il n'impose aucune forme de gouvernement; que d'ailleurs son autorité n'est reconnue que par ceux qui y ont foi, et que la loi politique doit être obéie, même par les incrédules ? Sans doute, le christianisme, comme vérité divine, exerce une grande influence sur la raison et la conscience humaines; mais cette influence ne pourrait être rendue exclusive, sans confondre le spirituel avec le temporel, sans exclure toute tolérance, sans substituer, en un mot, la loi religieuse de la conscience privée à la loi politique générale.

La société empruntant, pour ainsi dire, les facultés de chaque individu, c'est par l'usage de ces facultés chez ceux qui sont les plus instruits qu'elle juge, qu'elle rejette ce qui lui paraît mauvais, adopte les améliorations utiles et réprouve les innovations dangereuses : la raison pratique de la société consiste donc à discerner le juste et l'injuste, le vrai et le faux, la légalité et l'arbitraire, et à gouverner les peuples d'après l'ensemble des connaissances qui forment sa raison spéculative.

Ainsi, l'*autorité qu'exerce l'intelligence sur la société, en faisant l'application des connaissances que la civilisation y développe*, est ce que j'appelle *la souveraineté rationnelle*.

Lorsque cette autorité est admise chez un peuple, on comprend que tout acte de souveraineté contraire aux règles prescrites par l'intelligence puisse être considéré comme un abus de pouvoir ; car l'autorité qui a sa source en dehors de l'intelligence est une force et non un droit ; mais aussi tout ce qui doit assurer l'empire souverain de la raison publique sur les raisons privées, et faire plier les volontés individuelles à la volonté générale, doit être accueilli, comme rentrant dans les conditions de la sociabilité humaine.

Ceci conduit à établir par quelles voies la raison publique exerça son autorité, et sur quels principes elle fonda son empire.

CHAPITRE II.

Des conséquences de la souveraineté rationnelle par rapport aux gouvernemens.

Ainsi que chaque arbre porte ses fruits, chaque principe a ses conséquences et ses résultats analogues.

La monarchie pure ne suppose de responsabilité des fonctsionnaires publics que vis à vis du souverain, dont il sont les agens. Le despote faisant seul la loi, et devant seul la faire exécuter, il est le principe et la fin de l'action gouvernementale : tout le gouvernement se résume en lui.

L'aristocratie veut un gouvernement qui assure le maintien de ses priviléges.

La démocratie pure mène au suffrage universel, à l'ascendant des tribuns sur les masses ignorantes, à l'anarchie, puis au despotisme des plus ambitieux.

Si la raison publique, qui condamne chacun de ces résultats, se soumit néanmoins long-temps à toutes les formes de gouvernement, à tous les pouvoirs, ici au génie d'un grand homme, là à l'ascendant d'un clergé éclairé, ou à la fortune d'une noblesse puissante, c'est que dans une société peu avancée, où les relations avaient été plutôt établies par la force que sur les règles de l'équité, elle régnait moins qu'elle ne cherchait à fonder sa puissance; son action était pourtant réelle; personne ne peut nier la part que la raison publique eut dans les révolutions politiques ou intellectuelles qui apportèrent quelques modifications favorables dans les législations anciennes; ce n'était qu'une grande influence qui conseillait, mais qui ne commandait pas encore; pour être souveraine, l'intelligence sociale ne pouvait s'abandonner aux inspirations d'un homme, aux chances des révolutions, ou aux passions aveugles des partis; elle dut, lorsque son autorité fut évidente, pour la rendre permanente et régulière, entrer dans le gouvernement même, ou plutôt en créer un qui fût le gouvernement propre de la civilisation, c'est à dire *qui offrît le plus de garanties possibles à la manifestation et au développement des principes d'ordre et de justice, tels que la civilisation nous les enseigne, dans l'état actuel de la société.*

Invoquer la raison publique comme arbitre des différends politiques, et y chercher l'application des connaissances acquises par la civilisation, c'était attribuer aux hommes instruits un droit d'intervention dans les affaires de l'État ; d'un autre côté, tous les membres de la nation ne pouvaient être appelés à l'exercice des droits politiques ; il fallut donc, par ce double motif, *admettre une représentation ;* et dès lors l'autorité qui fit la loi se trouva confiée à la partie éclairée de la société.

Les représentans avaient à délibérer avant de prendre des décisions ; les opinions pouvaient être partagées ; il fallut *investir les majorités du droit de faire prévaloir leur avis*, et comme les majorités ne sauraient être déterminées, en général, que par les argumens les plus solides, on dut y voir les organes les plus naturels de la raison publique, et proclamer cet axiome : « *Les volontés individuelles doivent obéir à la raison publique, dont les majorités sont l'organe et dont les lois sont l'expression.* »

Ainsi, lorsque l'intervention des peuples dans les affaires publiques faisait une nécessité de la représentation et de la puissance accordée aux majorités, la logique justifiait cette nécessité en montrant comment elle rentre dans la condition du gouvernement de la société par l'intelligence (1).

De ces premières données, l'on vit découler bientôt les autres principes de cette politique rationnelle dont nous allons déduire les conséquences les plus importantes.

(1) Lorsqu'on fait remonter la souveraineté à sa véritable origine, lorsqu'on la dérive de la source éternelle de la raison et de la justice, la soumission de tous aux lois votées par la majorité est un hommage rendu au principe même de la souveraineté ; elle présuppose une discussion libre, dans laquelle les bonnes raisons l'ont emporté sur les mauvaises. (De Staël-Hostein, *Lettres sur l'Angleterre*, p. 319 ; l'auteur discute le système des utilitaires puisé dans Bentham.)

CHAPITRE III.

Première conséquence de la souveraineté rationnelle ; elle suppose un régime d'ordre légal.

La raison publique, pour soumettre tous les esprits à son autorité, et pour établir la société sur des bases durables d'ordre et de justice, doit exercer son empire, non accidentellement par la force, ou d'une manière précaire par la volonté de quelques hommes, mais souverainement et régulièrement par la loi.

La loi, dans la société moderne, est la raison du pouvoir ; elle détermine l'action morale et intelligente du gouvernement ; elle doit être la reproduction de la raison sociale, la traduction d'une pensée inspirée par le génie de la civilisation.

En résumé, *la raison publique ne peut gouverner que par la loi. — La loi doit être l'œuvre de la raison publique.* Ainsi, le gouvernement de la souveraineté rationnelle suppose nécessairement un régime d'ordre légal.

Si d'ailleurs ce n'était pas la loi qui commandât au nom de l'intelligence de la société, il existerait donc, en dehors de la loi, un pouvoir qui ne tiendrait pas d'elle son autorité ? Or, ce pouvoir, non seulement détruirait les garanties d'ordre et de justice que doit offrir un régime fondé sur la souveraineté rationnelle, mais en outre il humilierait tout ce qui y serait assujéti, car ce ne serait plus que le pouvoir du maître sur l'esclave : d'un côté, il y aurait force et volonté, de l'autre, contrainte et nécessité ; tandis que la vraie liberté, dévolue aux peuples que la civilisation a affranchis, consiste à n'obéir qu'à la loi, mais à lui obéir franchement, comme à la règle établie par cette souveraine raison de la société qui éclaire nos consciences, et nous fait aimer les devoirs qu'elle nous impose en nous découvrant les motifs de leur utilité (1).

CHAPITRE IV.

Deuxième conséquence de la souveraineté rationnelle; elle suppose une politique progressive et électrique.

Un gouvernement stationnaire, ignorant ou feignant d'ignorer les besoins créés par la civilisation, et voulant se soustraire à son action, ne pourrait être avoué par la raison humaine; il serait un outrage à l'intelligence de la société, il blesserait la conscience publique. Qu'alors des luttes intestines s'engagent; que des passions fermentent dans son sein, l'affaiblissent et préparent sa ruine, je le comprends; car ces symptômes nous révèlent que déjà la souveraineté rationnelle, pour laquelle tout est instrument de progrès, entre en possession de sa haute suprématie, et prépare, dans des conflits animés, ces réformes que nécessitent des connaissances, des intérêts et des besoins nouveaux.

D'un autre côté, un gouvernement, admettant toutes les

(1) Legum idcirco omnes servi sumus, ut liberi esse possimus. (Cic. or. pro A. Cluentio.)

innovations, accueillant toutes les théories, ne pourrait pas non plus être avoué par la raison publique, il n'aurait aucune chance de durée.

Le gouvernement de la souveraineté rationnelle est donc nécessairement un gouvernement de progrès et d'éclectisme.

De progrès, parce qu'en suivant la marche de l'esprit humain il se prête à l'amélioration des conditions sociales et seconde le développement de notre perfectibilité (1).

D'éclectisme, parce qu'il discerne ce qui a rendu les hommes meilleurs et plus heureux de ce qui a causé leurs misères et leurs vices, et que, pour concilier l'ordre avec le progrès, il juge des besoins du présent par les leçons du passé.

CHAPITRE V.

Troisième conséquence de la souveraineté rationnelle ; elle suppose un gouvernement fondé sur les intérêts positifs.

J'ai proclamé une vérité qui trouve de l'écho dans les populations : « Les gouvernemens doivent suivre la marche » progressive de la société. » Tel est le cri d'une profonde conviction chez quiconque s'intéresse à la gloire et à la li-

(1) Le travail de la raison moderne est de dégager l'état des traditions historiques, pour l'élever graduellement à la vérité philosophique ; l'état doit être la *forme progressive et pure de la civilisation*, c'est le mot social. (Lerminier, *Revue des deux Mondes*, 1834.)

berté de son pays. Pourquoi cependant les hommes sages redoutent-ils les conséquences d'un principe vrai qu'ils ne contestent pas? Qu'ont d'effrayant le progrès de la civilisation, le développement de nos facultés intellectuelles, l'étude des sciences, la discussion du juste et de l'injuste, l'accroissement des richesses et l'augmentation des jouissances de la vie? L'humanité s'égare-t-elle en marchant à son but? Non, sans doute; mais le besoin, si bien senti, d'améliorer les législations a été, même pour des publicistes éclectiques, le prétexte de théories dangereuses, qui ont outragé la raison humaine et menacé les peuples d'un abîme de maux : il n'est donc pas étonnant que des esprits sages redoutent tout ce qui a le nom de réforme ; ils savent qu'il n'est pas de faux système qui, pour faire illusion, ne s'appuie sur quelques vérités évidentes, que les plus folles mesures ont des prétextes spécieux, et que le désir seul de réformer la législation ne suffit pas pour opérer cette œuvre d'éclectisme.

Concluons de ceci que le système du gouvernement qui dérive de la souveraineté rationnelle n'est pas un système arbitraire, abandonné aux vagues théories de l'imagination ou aux vues spéculatives de quelques publicistes (1), mais un système né de l'épreuve du temps, tendant à ce but, que l'*intelligence régisse la société selon ses besoins, que la raison fasse la loi selon l'intérêt* (2).

(1) Tous les plans de gouvernement qui supposent de grandes réformations dans les mœurs sont véritablement imaginaires. (*Discours politiques de Hume*, intitulés *Idée d'une république parfaite*.)

(2) Où s'arrêteront vos droits ou vos libertés de famille, de commune, de province, de nation? Elles s'arrêteront où la raison et la conscience publiques en montreront l'abus ou l'excès; elles s'étendront dans la proportion et la mesure des mœurs du pays et du temps. (De Lamartine, *Politique rationnelle*, p. 90.)

Tout dans ce gouvernement doit être calculé de manière à obtenir ce résultat ; car la raison publique ne doit puiser de garanties que dans les institutions, de leçons que dans l'histoire, de raisons déterminantes que dans les faits ; autrement ce serait tenter d'établir un gouvernement sans bases réelles, au lieu de réaliser le régime d'expérience et de vérité, qui doit être le résultat positif des progrès de la civilisation.

CHAPITRE VI.

Que le gouvernement qui dérive de la souveraineté rationnelle est la monarchie représentative.

Il résulte des chapitres précédens que le gouvernement qui dérive de la souveraineté rationnelle doit être un gouvernement de *légalité ;*

Qu'il suppose une politique *éclectique* et *progressive ;*

Qu'il doit avoir *pour base les intérêts positifs.*

La monarchie représentative, ce gouvernement par les majorités, réputées les organes naturels de la raison publique, remplit toutes ces conditions.

En effet, la monarchie représentative a pour caractère essentiel *la légalité,* car la loi y est la règle suprême et fondamentale.

Sa politique est *éclectique ;* car, basée sur la transaction des intérêts, sur la balance et l'harmonie des pouvoirs, elle emprunte aux principes monarchiques, aristocratiques et démocratiques ce qu'ils ont d'utile et de vrai, et repousse ce qu'ils ont d'absolu dans leurs conséquences.

Elle est *progressive;* car, par l'élection et par les conditions d'aptitude qu'elle assigne à la pairie et à certaines fonctions publiques, elle confie la direction des affaires à ceux qui, par leur instruction, doivent le mieux comprendre et favoriser les progrès de la civilisation.

Enfin, elle a *pour base les intérêts positifs;* car, sous le régime constitutionnel, non seulement l'intérêt à la chose publique est une condition essentielle, qui prévient les dangers de l'élection et assure en même temps la représentation et la défense de tous les droits; mais, en outre, la démocratie qui tend à innover est contenue par l'aristocratie qui veut conserver: on trouve donc, sous ce régime, des garanties efficaces contre les innovations inconsidérées, contre l'envahissement d'un pouvoir sur l'autre, et contre la violation de ces principes d'ordre et de stabilité qui constituent un système positif de gouvernement.

Ainsi, la monarchie représentative est un système de gouvernement qui satisfait à toutes les exigences libérales du siècle et que réclament aujourd'hui les nations européennes (1).

(1) Bien que le système constitutionnel, ou mieux nommé *rationnel*, ne prévale encore dans les formes qu'en France, en Angleterre, etc...., il prévaut partout dans les idées: les penseurs sont partout de son parti, les peuples sont possédés de son esprit, et la révolution, commencée ou accomplie dans les mœurs, l'est bientôt dans les faits; il ne faut qu'une occasion, ce n'est qu'une affaire de temps. L'Europe a des formes diverses, mais n'a déjà qu'un même esprit, l'esprit de rénovation et de gouvernement des hommes selon la raison. (De Lamartine, *Voyage en Orient*, résumé politique, t. IV, p. 305.)

Dans ce gouvernement, le roi ne tient plus son droit de lui-même, car ce droit serait absolu; l'autorité n'y est pas non plus à la discrétion de toutes les volontés, car elle y serait le jouet de tous les partis; mais la souveraineté rationnelle, dérivant de l'intelligence de tous, et grandissant par la civilisation, y a pris corps dans les grands pouvoirs de l'Etat, qui représentent et résument en eux la raison pratique et la volonté éclairée du pays; l'autorité effective et agissante se trouve ainsi placée dans des conditions telles, qu'elle n'est pas moins forte et durable que sous les anciennes monarchies; et elle est d'autant plus respectable, qu'on y peut plus difficilement s'écarter d'un système politique de raison et d'humanité, en harmonie avec l'état actuel de la société.

Je chercherai dans la suite de cet écrit à confirmer ces vérités, si propres à nous faire aimer le régime constitutionnel sous lequel nous sommes heureux de vivre.

CHAPITRE VII.

Comment le gouvernement de la monarchie représentative est un régime d'ordre légal.

La légalité, dans le sens littéral de ce mot, a pu être définie la conformité à la loi; mais notre âge y attache un sens moral plus profond qu'il faut étudier.

La légalité est le principe et la condition nécessaire de l'organisation sociale; car il n'y a de société constituée que lorsque les hommes sont unis entre eux par des intérêts et des devoirs communs à tous, et soumis à des règles fixes et durables. Il y eut donc, même dans les Etats les plus despotiques, certaines classes toujours assujetties à l'empire de la loi, et contraintes à son observation avec la rigueur naturelle au pouvoir absolu. C'était bien de la légalité dans le sens propre de ce mot; mais le régime en lui-même était-il un régime d'ordre légal? Non, car si la loi n'est que la volonté toute puissante du prince qui la fait, la change et la défait à son gré, l'esclave de sa loi n'est que l'esclave de ses caprices; ce n'est pas la loi, c'est le prince qui commande, tout est arbitraire là où tout devrait être déterminé: l'arbitraire est l'opposé de la légalité (1).

Un tel despotisme était humiliant; il irritait les populations qui en étaient victimes; l'instruction venant les éclairer, elles comprirent qu'il n'y a de légalité réelle que lorsque la loi est basée sur la justice, et qu'elle protège d'une manière stable et efficace toutes les classes de la société.

On voulut donc voir dans le régime de la légalité autre chose que l'obéissance passive à la lettre de la loi; on étudia la loi en elle-même, on y chercha ce qui devait faire le bonheur de l'homme, concilier son repos avec sa liberté, de là vint la nécessité d'une réforme sociale; mais les diverses puissances tour à tour invoquées contre l'arbitraire trompèrent l'attente des peuples, qui mirent en elles leur confiance; l'arbitraire se plaça au dessus des prescriptions qu'elle avait établies; la démocratie suscita des orages dans lesquels la licence conduisit à d'affreuses tyrannies. Il était

(1) Voyez, dans les *Institutions du prince*, par Duguet, l'excellent chapitre où il établit la distinction du pouvoir souverain et du pouvoir arbitraire: l'un, fondé sur la loi, consulte le bon sens du pays; l'autre, en dehors de la loi, regarde l'intérêt du pays comme lui étant étranger et presque hostile.

réservé à la civilisation actuelle de fonder le gouvernement sur le droit et l'équité : ce fut elle qui conquit la liberté de la presse, appela les capacités dans les tribunaux et les conseils des rois ; qui prouva que la fortune est peu de chose et la naissance rien sans les lumières, et qui développa l'esprit de progrès suivant une sage appréciation des intérêts réels. La loi étant plus juste envers tous, on eut confiance en elle ; on l'invoqua comme la sauvegarde de ces droits qui deviennent si chers, quand une fois on en a joui (1) ; le pouvoir la promulgua comme une règle intelligente et nécessaire qu'un peuple civilisé se trace à lui-même, et dont il n'est permis à personne de s'écarter ; à ceux-là, moins qu'à tous autres, qui sont chargés de la faire observer.

Lorsque la civilisation eut ainsi remplacé, par la suprématie de l'intelligence, la force qui avait usurpé le gouvernement de la société, la souveraineté rationnelle se trouva de fait reconnue, et l'on vit se réaliser cette belle définition de Montesquieu (liv. 1er, chap. 3, *de l'Esprit des Lois*) : « La » loi, en général, est la raison humaine en tant qu'elle gou- » verne tous les peuples de la terre, et les lois politiques » et civiles de chaque nation ne doivent être que les cas » particuliers où s'applique cette raison humaine. »

Dès lors la légalité ne fut plus seulement la conformité à la loi ; cette définition servile et littérale ne pouvait plus convenir à la société régénérée par la justice et la liberté ; on dut la définir *le respect de la loi comme règle des devoirs de tous et garantie des droits de chacun.*

Je dis *le respect* de la loi, parce que ce sentiment naît,

(1) Nous avons remporté des combats pacifiques de la restauration un bien plus précieux que des provinces soumises par le glaive : c'est le sentiment de la légalité, il est fils de la civilisation et père de la liberté. (Salvandy, *Seize mois ou la Révolution de juillet* 1830, p. 120.)

lorsque l'intelligence règne à la place de la force, et que la confiance succède à la crainte.

J'ajoute, de la loi *comme règle des devoirs de tous et garantie des droits de chacun*, parce que la loi, étant l'expression des rapports nécessaires entre les hommes dans l'état social, elle détermine nos obligations dans cette communauté, dont l'objet est le bien public, et qu'en retour de notre soumission, elle nous accorde protection pour ces droits communs, ainsi que la jouissance paisible de notre part de bien-être dans la communauté.

Pour créer ce régime rationnel de légalité, deux choses furent nécessaires : la première, que la loi eût une origine et une existence indépendantes de la volonté d'un homme ou même d'un corps isolé, car autrement cet homme ou ce corps eût été investi d'un pouvoir arbitraire ; la seconde, qu'une fois la loi promulguée, le pouvoir fût assez fort pour la faire respecter par tous, et assez dépendant pour être obligé de la respecter lui-même.

Ces conditions se rencontrèrent *dans la monarchie représentative*.

La loi, comme reconnaissance de nos droits naturels et base fondamentale du gouvernement, a dans la Charte constitutionnelle une existence en quelque sorte antérieure à tous les pouvoirs, et une autorité supérieure à toute autre (1).

La constitution, il est vrai, ne renferme que des principes généraux ; mais c'est beaucoup d'y trouver la source perpétuelle de la législation destinée à réaliser, dans l'application, les bienfaits qu'elle promet.

(1) On reconnut toujours, en France, des lois fondamentales, immuables de leur nature, et d'autres lois que le prince pouvait rapporter ou modifier. (Voir notamment les *maximes du Droit public français*, ouvrage imprimé à Amsterdam en 1775.)

L'autorité législative étant partagée entre trois pouvoirs, dont aucun ne peut créer, modifier ou abroger la loi sans le concours des deux autres, il en résulte que cette seconde législation, si elle n'a pas la permanence, et, si je puis m'exprimer ainsi, le caractère sacré de la constitution, a aussi une existence indépendante de toute volonté individuelle, de tout corps isolé, et une puissance morale qui commande le respect (1).

La loi promulguée, tous les hommes sont égaux devant elle : c'est à dire qu'elle a la même autorité à l'égard de tous, soit qu'elle ordonne, soit qu'elle défende, soit qu'elle punisse ou qu'elle protège ; aussi n'appartient-il à personne de suppléer à son silence ou de dispenser de son observation.

Afin d'assurer à la loi cette haute souveraineté, d'un côté une autorité coercitive est confiée au pouvoir exécutif pour la faire observer.

(1) Admettre l'existence d'une constitution, c'est reconnaître deux ordres de lois, l'un supérieur, l'autre subordonné. Reconnaître deux ordres de lois, c'est reconnaître deux ordres de législateurs inégaux en pouvoir; au degré inférieur est le législateur ordinaire, au degré supérieur est le législateur constituant. (Pailliet, *Droit public français*, p. 736.)

Je remarquerai que l'un et l'autre ordre de législateurs, empruntant leur autorité à la raison publique, et étant soumis aux mêmes conditions, ont sous le régime constitutionnel les mêmes organes dans les chambres. Aussi les publicistes anglais remarquent-ils que c'est dans le parlement qu'en Angleterre la constitution a placé cette autorité absolue, qui, dans tous les gouvernemens, doit résider quelque part. Le parlement a plus d'une fois fait usage de cette souveraine autorité, notamment lors de la révolution de 1688, pour changer la succession au trône. Les chambres françaises en ont aussi fait usage en 1830 pour le même objet, et pour modifier la constitution; mais il y a entre les deux pouvoirs cette différence, que l'exercice du pouvoir législatif ordinaire est permanent, et que l'exercice du pouvoir constituant est essentiellement temporaire, et subordonné, en quelque sorte, à des circonstances de force majeure.

D'un autre côté, la dépendance où sont les fonctionnaires publics d'un ministère, responsable lui-même vis à vis des trois branches du pouvoir législatif, les oblige à ne prendre que la loi pour règle, et à l'appliquer selon l'esprit de ce pouvoir, au lieu de le faire selon les vues particulières, et les interprétations étroites ou fausses de quelques hommes.

C'est donc réellement la Loi qui nous régit.

L'inamovibilité des juges et le jury achèvent de confirmer le pays dans la possession d'une législation conçue avec intelligence, et expliquée avec loyauté.

Maintenant parcourez toutes les contrées soumises à d'autres gouvernemens, et vous verrez si nulle part la loi y exerce un semblable empire.

La monarchie représentative est donc le régime propre de l'ordre légal; c'est une vérité que sa qualification exprime quand on la nomme la monarchie *constitutionnelle*, et que l'expérience de chaque jour doit de plus en plus confirmer.

Quelques développemens sont indispensables pour faire mieux saisir dans son ensemble le système de la légalité constitutionnelle; on les trouvera dans les chapitres suivans.

CHAPITRE VIII.

De l'interprétation de la loi constitutionnelle.

L'arbitraire commence là où cesse le droit d'attribution; aussi le gouvernement représentatif n'est un régime d'ordre et de vraie liberté, que parce qu'il sait retenir chaque intérêt dans la mesure de son droit, chaque autorité dans les limites de son pouvoir; une révolution serait accomplie le jour où cet équilibre serait rompu; où l'un des principes monarchique, aristocratique, ou démocratique dominant exclusivement les autres, l'on verrait les chambres s'immiscer dans l'administration, le roi priver son peuple de ses représentans, ou percevoir un impôt non voté, la noblesse s'environner de priviléges, le monopole détruire la liberté d'industrie, le pouvoir judiciaire réformer l'œuvre du législateur, ou bien le soldat délibérer dans les camps.

Les constitutions et les lois politiques qui établissent la balance des pouvoirs, déterminent leurs attributions, et précisent nos droits et nos devoirs, sont donc un immense bienfait; si elles deviennent l'objet de nombreuses contestations, c'est que tous les partis ont intérêt à jeter de la confusion et de l'obscurité dans ce qui arrête leurs entreprises. Quelle puissance, en effet, n'a pas l'homme de bien, qui peut opposer au vague des théories et aux subtilités de la mauvaise foi le sens naturel de la loi du pays, et qui, s'il est obligé d'en venir à des interprétations, a du moins des règles sûres pour le guider dans ce travail?

D'abord, l'homme droit n'admet ni en dedans, ni en dehors de la Charte, d'interprétations dont le sens aurait pour résultat d'annuler l'effet des statuts constitutionnels; car il ne peut ni supposer au législateur constituant l'intention d'avoir voulu détruire son propre ouvrage, ni reconnaître au despotisme ou à l'anarchie un droit sur les garanties de l'ordre et de la liberté. Il sait que dans une constitution rien n'est futile, et qu'il doit se méfier de ces distinctions, que l'esprit de parti invente, pour échapper indirectement à des dispositions que l'on ne pourrait combattre ouvertement avec avantage (1).

Ensuite, il considère en toute institution son objet, et repousse tout ce qui s'écarte du but de sa création ; il trace, d'après cette donnée, la limitation naturelle des attributions ; car l'homme droit ne perd jamais de vue ce grand principe, que la balance des pouvoirs est la loi essentielle de la monarchie *constitutionnelle* (2) : dès lors, les prérogatives de la couronne ne sont pas moins sacrées pour lui que les droits des peuples ; qu'il s'agisse de culte, de justice, d'administration, d'industrie, de relations extérieures, de droits politiques, il repousse tout empiètement d'un pouvoir ou d'un intérêt sur l'autre, et prévoit même la tendance à cet empiètement.

Enfin, il consulte surtout l'intérêt du pays, et, dans le doute, embrasse l'opinion qui, avec le moins de danger pour l'ordre, promet davantage à la liberté et au progrès.

En se guidant d'après ces règles, on sacrifie souvent sa popularité ou la faveur du pouvoir ; mais serait-on homme de bien, homme politique, si l'on n'était pas indépendant? Toutefois, comme un sens droit et judicieux n'est pas toujours celui qui triomphe dans les conflits politiques, il

(1) Une constitution, disent quelques publicistes, se compose d'articles *fondamentaux* et d'articles *réglementaires* : le pouvoir législatif ne peut sans doute modifier les premiers ; mais il peut réformer les seconds. Je cherche en vain, je l'avoue, la raison, ou même le prétexte de cette différence. (Pailliet, *Droit public français*, p. 709.)

(2) L'Angleterre, depuis bientôt un siècle et demi, se glorifie d'avoir assuré la liberté, en réalisant chez elle, après le bannissement des Stuarts, cette monarchie pondérée que les politiques anciens regardaient comme une utopie. (M. Martin, du Nord, *Discours de rentrée*, 1834.)

arrive que les lois sont violées, ou parce que le pouvoir abuse de son autorité, ou parce que les factions déclinent ou paralysent cette autorité ; dans l'une ou dans l'autre de ces hypothèses, il doit y avoir des remèdes à des maux qui pourraient devenir si funestes : les chapitres suivans traiteront de la résistance légale à l'arbitraire, des lois et mesures d'exception.

CHAPITRE IX.

De la résistance légale à l'arbitraire.

Sous un gouvernement absolu, ce titre seul serait un crime ; car il est de l'essence du despotisme de ne souffrir aucune contradiction ; par elle il cesserait d'être ; assigner des règles, donner une mesure au droit de résistance, c'est détruire le pouvoir absolu, puisque c'est lui reconnaître des limites.

Il n'en est pas de même sous l'empire de la légalité constitutionnelle ; dans ce régime, basé sur la limitation et l'équilibre des pouvoirs, rien ne doit être arbitraire ; tout ce qui se fait en dehors de l'ordre établi est une perturbation ; aussi, l'excès de pouvoir étant prévu, ce gouvernement offre, contre cet excès, des garanties dont il permet et prescrit même d'user en certains cas (1).

D'un autre côté, c'est précisément parce que le régime constitutionnel a pour objet essentiel d'offrir des garanties efficaces contre l'arbitraire, qu'on serait plus coupable

(1) Voir dans Delolme, *Constitution d'Angleterre*, le chapitre intitulé : *Droit de résistance*.

sous un tel gouvernement de recourir à la violence, au mépris des voies légales de résistance : les conspirations, sous ce régime, ne se comprennent en effet que contre la constitution; car quiconque veut sincèrement le maintien des institutions trouve dans le système de la légalité constitutionnelle des voies régulières et suffisantes pour la conservation de ces droits.

Mais quand et comment doit-on user de ce droit de résistance? Ce sont des questions graves, que je ne prétends pas approfondir, ne me dissimulant pas, d'ailleurs, qu'ici la logique des faits l'a souvent emporté sur celle du raisonnement. Je crois, au reste, que les nombreuses controverses sur ces questions, en Angleterre et en France, ne sont pas ce qui a le moins contribué à la formation et à l'affermissement d'un système rationnel de garanties des libertés publiques. Plus l'esprit humain s'éclaire, plus aussi les vrais principes ont d'influence sur les évènemens : la force brutale fait place à la force intellectuelle; les pouvoirs sont resserrés et contenus dans de justes bornes, par le sentiment même que les gouvernés ont de leurs droits; cette résistance honorable, sans rien ôter de sa force et de sa dignité au pouvoir qui se renferme dans la sphère de ses attributions, prévient ces révolutions violentes, qui font toujours payer si cher aux nations le recouvrement des droits qu'elles ont perdus.

Les moyens qu'offre la loi sont naturels ou extraordinaires : les moyens naturels sont ceux d'une opposition raisonnée, qui s'exerce par la presse, les élections, les chambres et les tribunaux; les moyens extraordinaires sont ceux qui se déduisent des art. 40, 47 et 66 de la Charte de 1830 (1).

(1) Pour la défense de ces droits, quand ils sont violés ou atta-

On comprend d'abord que les moyens extraordinaires, pouvant exciter dans l'Etat de fâcheuses commotions, ne doivent être employés qu'à défaut, ou pour insuffisance des moyens ordinaires et dans les cas les plus extrêmes.

Ensuite, que l'on ne doit être porté à l'emploi des moyens extraordinaires que par une manifestation générale et non équivoque de l'esprit public, se prononçant sur une déviation évidente de la marche constitutionnelle. Si, en effet, on laissait l'esprit de parti être juge de la violation de la loi et de l'opportunité de l'emploi des moyens extraordinaires que la constitution autorise pour sa conservation, combien n'en abuserait-il pas? que de fois, par exemple, ne conseillerait-il pas une opposition systématique, et même le refus du budget, afin de renverser un ministère, fidèle à ses devoirs, et qui ne commettrait que ces fautes inséparables de la faiblesse humaine. Supposons, toutefois, l'alarme semée : l'a-t-elle été par l'esprit de parti, ou bien est-ce une manifestation de l'esprit public? les circonstances doivent seules en décider; car, de deux choses l'une : ou bien, malgré cette alarme, le pouvoir trouve dans la population éclairée un assentiment non équivoque; il ne craint pas de se fier au bon-sens de la majorité des électeurs; le jury, quoique indulgent, offre une répression suffisante; les impôts se perçoivent, sinon sans quelques plaintes, au moins sans résistance; enfin, les gardes nationales, à son appel, offrent en général un concours loyal et résolu; dès lors on peut affirmer qu'il

qués, les sujets d'Angleterre peuvent recourir premièrement à l'administration et au libre cours de la justice dans les tribunaux de la loi, secondement au droit de présenter des pétitions au roi et au parlement, et enfin d'avoir et employer des armes pour leur défense. (Blackstone, *Comment.*, l. 1, chap. Ier, p. 140.)

n'y a que l'esprit de parti qui puisse ainsi semer l'alarme contre un pouvoir qui satisfait la grande majorité de la partie éclairée de la nation ; ou bien, au contraire, le gouvernement n'a aucune confiance dans le pays ; le jury, les élections, la garde nationale, la magistrature, les corps savans lui sont hostiles ; ils se plaignent hautement des atteintes portées aux libertés publiques ; alors, il y a tout lieu de croire que ce n'est plus l'esprit de parti qui parle, et de voir, dans une telle manifestation de l'opinion publique, le jugement du pays.

Je pourrais maintenant descendre aux détails, montrer les garanties qu'offre, dans l'application, chaque branche de l'administration contre les actes arbitraires, les dénis de justice ou les erreurs involontaires ; ce serait un travail éminemment utile ; car le bonheur dépend moins des lois politiques que des lois pratiques (si je puis m'exprimer ainsi), qui règlent nos actions, veillent sur notre liberté et notre sécurité domestiques, et sont comme la providence de notre existence privée. Que de progrès, que d'heureuses conquêtes à constater, et, en même temps, que d'améliorations nouvelles à indiquer dans ce travail ! mais la tâche serait immense, puisqu'il faudrait consulter tous les intérêts, depuis ceux du penseur philosophe ou du créancier de l'Etat, jusqu'à ceux du libraire et du petit cultivateur, et passer en revue toutes les lois existantes. Afin de me restreindre dans les bornes étroites que je me suis assignées, je crois devoir n'envisager la légalité constitutionnelle que comme principe politique des gouvernemens modernes, et, quant aux détails de l'administration, renvoyer le lecteur aux traités spéciaux sur le droit administratif (1).

(1) Consultez notamment les *Institutes du droit administratif*.

CHAPITRE X.

Des mesures et lois d'exception.

Comme le régime représentatif s'appuie sur les intérêts positifs de toutes les classes de la société, qu'il est une transaction politique entre ces intérêts divers, un contrat en quelque sorte auquel chaque citoyen est partie, il pénètre vite et profondément dans les usages, les mœurs et les besoins des peuples; alors les formes perdent de leur importance. En vain une main de fer effacerait la lettre de la constitution; son souvenir, gravé dans la mémoire du peuple n'y périrait pas; on la verrait bientôt revivre, avec un caractère plus explicite et plus franc. De là vient qu'un pouvoir fidèle à la lettre, s'il fausse l'esprit de la constitution, peut périr, et qu'un pouvoir qui viole la lettre, uniquement pour le maintien de la constitution, peut se conserver.

Il est en effet des temps difficiles, où un gouvernement, après avoir été violemment attaqué par les factions, est comme forcément entraîné vers l'arbitraire : à la suite d'une révolution, le besoin d'ordre et de repos se fait vivement sentir; les esprits, fatigués de l'anarchie, appellent contre les perturbateurs des mesures énergiques et efficaces; le commerce, l'agriculture, les arts demandent la tranquillité; tout ce qui doit procurer ce résultat est généralement approuvé. Dans ces circonstances, le gouvernement qui

par M. de Gérando, et les *Questions du droit administratif*, par M. de Cormenin, ouvrages indispensables à l'étude de cette science, et qui, les premiers, l'ont rendue familière à la jeunesse studieuse.

n'userait pas des moyens que l'opinion publique lui signale, et que la majorité des chambres met à sa disposition, tromperait le pays, et serait justement accusé de trahir ses véritables intérêts; une telle conduite, décourageante pour les amis de l'ordre, attesterait, sinon sa déloyauté, au moins sa déplorable incapacité; néanmoins, il doit être en garde contre un aveugle entraînement, se méfier quelquefois de l'excès de zèle de ses partisans, et écouter la voix prudente d'une louable modération, qui s'allie si bien avec la fermeté.

Je ne sais si jamais il peut exister une nécessité assez impérieuse pour autoriser à sortir des voies légales; mais ce qui me paraît évident, c'est que, même alors, quatre conditions sont imposées au pouvoir pour se mettre impunément en dehors de la constitution, et faire taire les lois (1).

La première; de ne se résoudre à ce dernier expédient qu'à défaut de tous moyens légaux, et d'en user comme les médecins usent d'un remède violent, dans un cas désespéré.

La seconde; de ne le faire que pour un immense intérêt, tel que celui de conserver un des grands pouvoirs de l'Etat, de déjouer un complot, de prévenir une invasion étrangère.

La troisième; d'être poussé à de telles mesures par l'opinion publique, avec la certitude morale d'un bill d'indemnité que tout pouvoir qui viole la loi doit s'empresser de réclamer.

La quatrième; de revenir le plus promptement possible à la stricte légalité.

(1) Nous n'irons pas jusqu'à prétendre que, dans ces momens de danger, le roi n'ait pas le droit de réunir en lui tous les pouvoirs, pour sauver l'Etat; mais ce n'est pas en vertu de l'article 14 de la Charte, c'est *en vertu de la nécessité*. (M. Persil, *Réquisitoire.*)

Ces conditions font voir que la triste nécessité de recourir à ce moyen extrême ne peut guère se présenter que dans un temps de trouble et de calamités, et encore cette première condition, *à défaut de tous moyens légaux*, me paraît presque impossible à réaliser sous une législation sage et prévoyante.

Si cependant un ministère avait agi dans cette hypothèse, comme on ne fait pas la preuve d'un fait négatif, ce serait à l'opposition à démontrer qu'il y avait un moyen légal d'agir autrement.

A côté de la violation de la loi, il y a le danger, non moins grand, des lois et mesures d'exception : je dis que ce danger n'est pas moins grand pour les libertés du pays, parce que la responsabilité du pouvoir n'étant point engagée d'une manière aussi directe, et toutes les apparences de la légalité étant sauvées, on ne s'en méfie pas autant (1).

Les lois d'exception sont celles qui, dérogeant au droit commun, s'appliquent dans des cas extraordinaires, et pour un temps limité, à des difficultés qui ne pourraient être autrement surmontées.

Comme ces lois ne sont motivées que sur ce que la législation ordinaire a été reconnue insuffisante, il est de leur nature de cesser avec les difficultés qui les ont occasionées ; il y aurait d'autant plus d'injustice à les prolonger au delà de ce terme, qu'elles sont une dérogation au grand principe d'égalité devant la loi, enveloppant ceux-mêmes qui sont restés paisibles. Cette dérogation, qui se comprend lors, par exemple, qu'une certaine classe de citoyens, une ville ou une contrée se sont elles-mêmes placées hors du droit commun par leur révolte contre la loi et l'autorité, ne serait plus jus-

(1) M. Royer-Collard a qualifié les lois d'exception *des actes arbitraires déguisés sous une parure légale.*

tifiée par aucun motif lorsque ces populations, revenues à l'obéissance, n'inspireraient plus de craintes sérieuses de retour à la sédition.

L'arbitraire ne se présumant pas, les lois d'exception ne peuvent jamais être étendues au delà des prescriptions formellement exprimées, et dans le doute elles s'interprètent par le droit commun.

Un gouvernement qui multiplie les lois d'exception tombe dans l'arbitraire, et commet ordinairement des vexations qui bientôt irritent les esprits et enveniment le mal au lieu de le calmer : voilà pourquoi il importe que ces lois soient rares et promptement efficaces ; pour cela elles doivent être suffisantes, sans cesser d'être empreintes de ce caractère de justice et d'humanité, dont l'absence serait, au temps où nous vivons, une honte éternelle et sans excuse pour leurs auteurs.

C'est ordinairement par des lois et des mesures d'exception que le pouvoir s'efforce de passer de la légalité au despotisme ; aussi y a-t-il des dérogations au droit commun d'un danger tel, que la constitution même de l'Etat croit devoir les prohiber d'une manière explicite : telle serait la dérogation à la liberté de la presse par la censure, ou à la compétence des juridictions ordinaires par les cours prévôtales. Il est aussi des principes tellement sacrés, que l'on ne pourrait s'en écarter, lors même que la constitution ne s'exprimerait pas aussi formellement : tels sont, par exemple, les principes de la non-rétroactivité touchant l'autorité de la chose jugée, et celui du droit naturel de libre défense, devant les tribunaux.

Au reste, quelle que soit l'impérieuse nécessité qui pousse le gouvernement à sortir des voies ordinaires de la stricte égalité pour sauver les institutions du pays, on ne peut assez dire que ce n'est jamais qu'à regret qu'il doit user de ces ressources toujours déplorables; car, c'est surtout par le respect de la légalité qu'il obtient ce concours empressé, et sans restriction, qui le rend si redoutable aux factions intestines, et lui donne une attitude imposante devant l'étranger.

Si le pouvoir, abusant de sa position, fait tourner les malheurs publics au profit de l'arbitraire, soit en multipliant ou perpétuant sans nécessité les mesures exceptionnelles, soit en étendant inconsidérément l'autorité de ses agens, ou fermant les yeux sur les illégalités dont ils se rendent coupables, l'esprit public lui sait gré d'abord de ce qu'il fait pour triompher des factions; mais bientôt le calme étant rétabli, la discussion devient plus libre, on dit la vérité au pouvoir, parce qu'on le croit assez fort pour l'entendre sans péril; on signale sa fausse marche; la méfiance commence à naître (1); elle fait surgir des obstacles; le pouvoir s'en irrite; il s'opère une réaction, dont l'esprit de parti s'empresse de profiter en semant la division, et bientôt le gouvernement déconsidéré excite la pitié des étrangers, et se trouve, à l'intérieur, exposé à des dangers plus grands que ceux auxquels il avait d'abord échappé.

La confiance dans laquelle a été la France, depuis la révolution de 1830, que son gouvernement voulait sincèrement le maintien des institutions qui la régissent, et que, fidèle au système de stricte légalité qu'il s'est imposé, il ne s'en écarterait qu'autant qu'il y serait contraint par les factions, et afin que force restât à la loi, est, sans contredit, ce qui a le plus contribué à l'affermissement de ce

(1) Les lois d'exception sont comme des glaives sans cesse suspendus sur la tête de chaque citoyen; même inexécutées, elles épouvantent, elles entretiennent au fond des cœurs l'anxiété et la défiance. (Nigon de Berty, *de la Liberté individuelle*, p. 262.)

gouvernement ; il est à désirer qu'une nation voisine, qui entre dans la voie des réformes politiques, profite de cet enseignement.

En restant dans la stricte légalité, il y a aussi des écueils à éviter : les prescriptions de formes ne sont pas sans importance ; si elles ne consacrent pas le droit en lui-même, elles le conservent ; c'est ici, néanmoins, qu'il faut craindre de sacrifier l'esprit de la loi à la lettre, de tomber dans l'aveugle esclavage des formes, dans la petitesse de détails qui discréditent la légalité. Cependant, comme l'omission d'une prescription, même futile, est toujours une chose fâcheuse, qui diminue le respect que l'on doit avoir pour la loi, que d'ailleurs il se peut que l'on passe, sans s'en apercevoir, de la tolérance d'omissions indifférentes à la tolérance d'omissions essentielles, il est à désirer que la loi ne prescrive que des formalités d'une utilité reconnue, et faciles à observer.

CHAPITRE XI.

De la légalité constitutionnelle devant le jury.

Tout fait déclaré illicite par la loi doit être puni ainsi que la loi le prescrit ; le jury, néanmoins, a plus d'une fois refusé de donner lieu à l'application de la peine, en prononçant un verdict d'acquittement, alors que le fait qualifié crime ou délit n'était pas douteux, et comme il ne faut jamais, pour rester dans le vrai, négliger de comparer l'expérience à la théorie, il est indispensable de se demander pourquoi le jury, agissant ainsi, semble se croire, en certains cas, affranchi de la stricte observation de la loi.

Quand les jurés, croyant voir que l'accusé n'était pas sain d'esprit ou manquait de la liberté d'action sans laquelle il n'y a point de volonté criminelle, répondent : « non, l'ac- » cusé n'est pas coupable, » ils peuvent errer sur la volonté de l'accusé; mais ils prononcent assurément dans leur droit, car ils se bornent à apprécier la moralité du fait selon les circonstances. Les jurés sont allés plus loin; se faisant juges de la loi elle-même, il est arrivé qu'ils ont refusé de déclarer coupables les transgresseurs de celles qu'ils ont cru être inconstitutionnelles; les jurés, en agissant ainsi, se renfermaient-ils dans leur droit? non, évidemment; car comment admettre que douze jurés, dont la plupart n'ont qu'une instruction très limitée, puissent, usurpant des attributions législatives, au lieu de prononcer sur le fait qui seul est de leur compétence, se constituer juges d'une loi que les deux chambres ont votée après des débats solennels, et que le roi a sanctionnée! Il faut remarquer que les députés nombreux qui ont fait la loi ont été nommés par tous les électeurs, tandis que les douze jurés n'apportent a l'audience que leur opinion personnelle.

Cependant, comment faire rentrer le jury dans sa mission? Je vois qu'à la violation de la loi par le pouvoir on oppose la responsabilité ministérielle, qu'à la violation de la loi par ses agens on oppose les tribunaux, qu'à celle de la loi par les tribunaux on oppose la juridiction de la Cour de cassation; mais qu'opposer à l'omnipotence d'un jury qui, malgré l'aveu de l'accusé, répond : « non, un tel n'est » pas coupable? » Rien, il faut l'avouer, et voici pourquoi il en est ainsi : l'excès de pouvoir de la part de l'autorité ou des magistrats peut avoir pour résultat d'organiser et de consacrer l'arbitraire, de ruiner la liberté, de fausser et détruire les institutions ; il importait de prévenir le danger d'un tel abus ; mais rien de semblable n'est à craindre de la part du jury, dont les excès de pouvoir se bornent à absoudre, dans tel cas déterminé, sans que sa décision prononcée sur un fait, non sur le droit, puisse faire jurisprudence. Si, au contraire, un pouvoir prévaricateur trouvait dans les lois le moyen d'enchaîner le jury, il n'y aurait plus d'obstacle à la force des actes arbitraires et des mauvaises lois, qui doivent tomber devant cette force d'inertie par laquelle le jury leur dénie la sanction pénale (1).

L'omnipotence *de fait* du jury, loin d'être inconciliable avec le régime que nous préconisons, serait donc, au contraire, le dernier et le plus ferme rempart de la légalité, contre des entreprises coupables. Justice par représentans, continuation et complément nécessaire du système constitutionnel, seule puissance qui ne puisse être vaincue par les mauvaises lois, le jury serait la dernière sauvegarde des libertés publiques.

(1) Que doit-on penser d'une loi que la conscience publique réprouve ? On doit communément juger qu'elle est mauvaise. Cette conscience publique est le régulateur suprême de la législation, c'est un bien que le juré puisse opposer sa force d'inertie à l'application d'une loi devenue injuste. (Legraverend, *Traité de législation crim.*, t. II, p. 62.)

CHAPITRE XII.

Du respect de la loi.

Une espèce de dogme, une noble passion attachait autrefois les peuples à leurs gouvernemens; aujourd'hui l'esprit humain, plus libre et mieux éclairé, n'accorde en politique qu'une obéissance raisonnée; il faut donc que les gouvernemens trouvent désormais leur force en eux-mêmes, c'est à dire qu'ils satisfassent la raison; non plus cette raison séduite par les pompes de la royauté, les prestiges de la gloire, les oracles d'un augure, ou liée par les habitudes d'une longue obéissance, mais cette raison indépendante et sceptique, qui demande compte au pouvoir de la liberté qu'il reconnaît ou qu'il restreint, des devoirs qu'il impose, et de la protection qu'il doit à tous les intérêts.

Le régime constitutionnel a pu, mieux que tout autre, trouver en lui-même de quoi satisfaire cette intelligence des peuples civilisés, puisque c'est sur elle qu'il s'appuie, que c'est par elle qu'il gouverne; aussi peut-on espérer que, sous ce régime, la loi positive, cette règle nécessaire de ceux-mêmes qui n'en veulent supporter aucune, obtiendra sur les esprits droits cette autorité destinée à remplacer l'empire des anciennes traditions. Le respect de la loi est, en effet, la force, et l'unique force, aujourd'hui, des gouvernemens.

Deux choses me paraissent dans le cas de rendre le respect de la loi plus entier et plus général :

La première, c'est que les écrivains aimés du public s'imposent l'obligation de respecter dans leurs ouvrages la législation, ou de n'en discuter les vices qu'avec cette bonne foi et cette modération décente qui conviennent si bien aux bonnes causes et aux vrais talens. Ne blâmez et surtout ne ridiculisez pas, dans vos écrits, un pouvoir qui fait observer la loi; n'approuvez pas un parti qui s'y soustrait; car vous énerveriez la législation en la déconsidérant, et non seulement vous vous priveriez de la protection la plus efficace, mais encore vous prépareriez un avenir d'arbitraire et de violence (1); si, au contraire, l'autorité du prince et celle de la loi sont environnées d'un religieux respect, la jeunesse sera plus disposée à s'y soumettre, et le jury comprendra le devoir de la défendre; car on ne peut le méconnaître, ce qui prépare le jugement du jury, c'est le jugement de l'opinion publique : avant qu'une doctrine dangereuse soit efficacement condamnée, il faut que la presse en ait fait justice par la réprobation des hommes de sens et de savoir. Il y a donc un service de sûreté et d'ordre public, que le pays, sous un régime de liberté et d'intelligence, commande aux écrivains honorables. Il consiste à défendre l'autorité et la loi contre des attaques passionnées; de cette manière, le respect qui leur est dû devient comme un sentiment naturel que le jury consulte, quand il est appelé à prononcer sur un délit politique, et le peuple, disposé à aimer ce qu'on honore et ce qui le protège, s'attache davantage aux institutions de son pays.

La seconde chose qui contribue à rendre le respect de la

(1) Les lois et arrêts sont les plus fermes appuis de l'ordre social; quand la voix du législateur et celle des magistrats cessent d'être écoutées, il n'y a plus que trouble et anarchie dans la cité: alors, en effet, on recourt aux armes; la violence remplace la paisible allégation du droit, et l'on revient à l'état de barbarie. (**M. Dupin**. *Discours de rentrée à la Cour de cassation*, 1834.)

loi plus entier et plus général, c'est la nomination aux emplois publics d'hommes qui, par leur caractère, leurs lumières et leur dévouement, méritent cette estime qui ajoute tant à l'empire des lois qu'ils doivent faire observer.

En effet, les bons magistrats n'ont pas moins d'influence que les bonnes lois sur le bien-être des peuples et sur l'attachement que ce bien-être inspire pour les institutions du pays. Mais comment n'avoir dans la justice et dans l'administration que de bons magistrats? pour y parvenir il faut ne pas trop se méfier des fonctionnaires; car c'est un préjugé insultant de croire que les emplois publics rendent serviles ou faux des hommes déjà honorés d'une estime méritée; ni trop leur accorder de confiance, car, pour être fonctionnaire, on ne cesse pas d'être homme, et par conséquent exposé aux faiblesses et aux erreurs de l'humanité; c'est donc une chose juste de leur assurer une certaine indépendance, et de conserver néanmoins des garanties contre l'abus qu'ils pourraient faire de cette indépendance.

Ce que le pouvoir doit désirer, ce sont des fonctionnaires qui ne consultent pas les flatteries de la popularité ou les exigences des bureaux, mais la loi interprétée avec discernement; qui l'appliquent avec justice et fermeté, sans s'inquiéter des louanges ou de la critique. Le fonctionnaire qui se borne à l'application franche des lois, sans chercher à augmenter l'importance de ses fonctions, est plus indépendant qu'on ne le prétend généralement : combien de places, en effet, n'ont en elles-mêmes rien de politique, et combien d'actes sont déterminés par la loi dans l'exercice d'emplois qui, comme les préfectures, participent plus directement à l'action politique du pouvoir.

Ce n'est pas assez de l'indépendance pour attirer sur le fonctionnaire public une grande considération; il faut encore que, par ses connaissances positives, par l'intelligence de ses devoirs, son assiduité à les remplir, enfin par ses mœurs pures, graves et sa scrupuleuse intégrité, il obtienne de tous estime et confiance. C'est ainsi seulement que, sous un régime de liberté et d'intelligence, dans lequel la capacité et la droiture doivent être les titres les plus indispensables pour obtenir des emplois publics, et où la loi doit constamment diriger les agens du pouvoir, le gouvernement est servi avec honneur, et que la loi demeure dans ses mains intacte et révérée.

J'ai tracé avec quelques détails le caractère de *la légalité,* dont le régime constitutionnel est empreint, parce que c'est son caractère primitif, essentiel et dominant ; je passe aux autres traits déjà signalés, auxquels on doit le reconnaître pour le gouvernement propre de la souveraineté rationnelle.

CHAPITRE XIII.

Comment le régime représentatif est éclectique et progressif.

Le régime représentatif est seul vraiment éclectique et progressif.

Pour se convaincre de cette proposition, il suffirait peut-être de se reporter à l'excellent ouvrage de Delolme, sur la constitution d'Angleterre, et notamment au chapitre Ier du second volume.

« En lisant l'histoire d'Angleterre, est-il dit dans ce cha-
» pitre, on est surtout frappé d'une circonstance qui dis-

» tingue avantageusement le gouvernement anglais de » tous les autres gouvernemens libres, c'est la manière » dont les révolutions se sont constamment terminées en » Angleterre.

» Si nous jetons les yeux, avec quelque attention, sur » l'histoire des autres Etats libres, nous verrons que les » dissentions qui s'y sont élevées ont toujours fini par des » accords, où l'on n'a eu soin sérieusement que de l'intérêt » d'un petit nombre, tandis qu'on a eu peu d'égard à ceux » de la multitude : précisément le contraire est arrivé en » Angleterre, où nous voyons les révolutions toujours sui- » vies de précautions plus amples et mieux calculées pour » assurer la liberté générale. »

Quelle est, en effet, en Angleterre l'institution qui, dans une série de crises politiques plus ou moins violentes, ne se soit pas mûrie et perfectionnée (1)?

La chambre des communes, par exemple, est à peine aperçue dans l'histoire à son origine : Leycester révolté appelle des représentans des bourgs, pour donner un appui à sa cause; les bourgs, en l'absence d'Édouard Ier, nomment eux-mêmes leurs députés, et conservent ce droit. D'abord les députés n'ont d'autre mission que d'adhérer aux levées d'impôts accordées par les seigneurs; mais en s'occupant de taxes, ils exposent leurs griefs, ce qui leur prépare une participation directe au pouvoir législatif. Cependant, pour s'assurer la jouissance d'une telle prérogative, une chose, par dessus toutes, devenait essentielle; c'était une active surveillance sur la conservation du droit, bientôt acquis, de voter personnellement l'impôt; aussi, toute tentative que fait la couronne, pour suppléer à l'obligation d'obtenir les subsides, est repoussée par les

(1) Voyez l'excellente Histoire de la constitution, par Hallam

communes, à quelque titre ancien ou volontaire que les deniers non votés soient sollicités dans le royaume. Afin même de mieux veiller à la conservation de ce droit, sauvegarde de tous les autres, elles s'en attribuent à elles seules l'exercice, ne laissant aux lords, toujours enclins à tolérer les entreprises du pouvoir qui les soutient, qu'une communauté nominale dans ces sortes de bills.

La liberté de discussion n'était pas moins essentielle que le fond même du droit; cette liberté fut réclamée par le président, lors de l'ouverture des parlemens, et, malgré les efforts tentés pour la restreindre, non seulement les chambres protestèrent, en dépit des menaces qui leur furent faites, mais de cette liberté elles déduisirent la faculté d'initiative dans les affaires les plus importantes : elles achevèrent ainsi de placer le gouvernement sous la direction de leur haute influence; voulant l'assurer, il fut indispensable de déclarer inviolables les membres qui les composent, et pour que cette inviolabilité fût réelle, les députés des communes ne purent être atteints pendant les sessions, ni dans leur personne, ni dans celles de leur maison, ni même recherchés plus tard pour leurs opinions. Néanmoins, comme ce privilége pouvait rendre plus dangereux des membres mal-intentionnés, le parlement dut se réserver le droit de les punir, en cas de culpabilité, ou de les abandonner au cours ordinaire de la justice; en même temps, il s'attribua celui de réprimer toute atteinte portée, même hors de son enceinte, à ses prérogatives et à sa dignité. Tant de prévoyance pouvait être encore sans résultat, si la chambre des communes se laissait altérer ou corrompre dans sa formation et son essence; pour y obvier, cette chambre dut retenir la connaissance exclusive de ce qui concerne les élections, connaissance attribuée primitivement à la cour de chancellerie. Enfin, il était important, et que le parlement fût convoqué dans un délai déterminé, autrement le gouvernement aurait pu se passer de son concours, et qu'il fût assigné un terme à la durée de chaque représentation, sans quoi les députés pourraient ne plus représenter fidèlement l'opinion publique; il y fut pourvu par la nécessité de subsides annuels, notamment pour l'entretien de l'armée, et pour des bills dont l'un borna à sept années la durée des législatures.

Lorsque le gouvernement s'organisait sur ces élémens, tout concourait à développer les principes corrélatifs au principe libéral, sur lequel il était fondé (1).

La grande Charte avait consacré le droit d'être jugé par ses pairs. Cependant, au moyen des tribunaux exceptionnels, et surtout de la chambre étoilée, on chercha à intimider les jurés, ou à éluder leur juridiction; mais les tribunaux exceptionnels périrent, et le jury en resta d'autant plus fort et plus indépendant. Les juges, long-temps instrumens trop serviles du pouvoir, particulièrement sous Charles II, furent déclarés inamovibles au commencement du règne de Guillaume, ce qui leur rendit l'indépendance personnelle et la confiance publique.

Le jury eut encore une lutte à soutenir : la liberté de la presse était une conséquence de la liberté de discussion et du progrès des lumières; la polémique devait être vive, quelquefois menaçante dans les querelles de partis, qui divisèrent si long-temps l'Angleterre; aussi, la presse fut-elle soumise aux mesures les plus sévères et les plus restrictives, tant que durèrent les agitations. Le *bill-censure*

(1) Nos ancêtres avaient un fond de sagesse qui les poussait à altérer et à varier la forme de nos institutions, à mesure que le temps réclamait des changemens; à les accommoder aux circonstances et à les réformer selon les conseils de l'expérience. (John Russel, *Essai hist. sur la constitution d'Angleterre*, p. 16.)

cesse d'être renouvelé en 1794, et l'Angleterre se trouve être la première nation qui ait joui de cette précieuse liberté. A la même époque, les dispositions des esprits étaient bien changées ; l'on venait de voir passer le bill de Fox, déclarant que le jury devait connaître, non seulement du fait de la publication, mais du caractère du délit ; c'était la plus noble, comme la plus politique des attributions du jury, solennellement reconnue.

La liberté religieuse y fut moins respectée : proclamée d'abord par les puritains, comme elle l'a été depuis par toutes les sectes naissantes qui aspirèrent à s'étendre, ils la foulèrent aux pieds lorsqu'ils furent puissans. L'acte de tolérance fut donc un premier pas ; mais l'opinion a marché plus vite dans ces derniers temps, et cette liberté, comme toutes les autres, est en voie d'obtenir aujourd'hui des garanties réelles.

La liberté individuelle, si souvent compromise dans les querelles religieuses et politiques, notamment par les accusations de haute trahison, fut efficacement protégée par les précautions que l'on prit pour assurer les garanties résultant de l'acte *habeas-corpus*.

Le droit de pétition fut entravé sous Charles II, mais bientôt il fut établi que toutes poursuites pour le paralyser étaient illégales, et depuis surtout la discussion relative à l'esclavage, l'usage en est devenu universel sur des objets d'intérêt général, comme sur des besoins de localité ; c'est un moyen par lequel les citoyens communiquent avec leurs représentans, et les sujets avec le prince.

Rien n'y peut désormais prévenir le jugement des fonctionnaires prévaricateurs, ni la clôture d'une session, ni la clémence royale ; et telle est la portée de leur responsabilité, que l'on semble douter encore si le roi peut légalement, dans ce cas, faire grâce après le jugement.

Enfin, le droit d'enquête, conséquence de la responsabilité des agens du pouvoir, et souvent de la nécessité d'éclairer une discussion, fut admis en 1789, pour informer sur la mauvaise direction donnée à la guerre d'Irlande, et maintenu ensuite avec tous ses développemens.

Après avoir jeté les yeux sur ce tableau, trop imparfait, de ce que l'Angleterre a acquis sous la monarchie constitutionnelle de vraie liberté, de liberté profitable à tous, si l'on réfléchit que ce résultat est le fruit de l'expérience, que chaque institution a grandi comme d'elle-même, que chaque liberté s'est affermie par la marche du temps, et nonobstant les querelles de partis, il en ressort la preuve évidente qu'il est dans la nature du régime constitutionnel de favoriser le développement des libertés publiques qui tuent les autres gouvernemens, et d'être, en un mot, seul vraiment progressif.

Si l'on considère ensuite que, malgré la manifestation des principes les plus radicaux et l'épreuve d'une résolution dans laquelle le trône fut ensanglanté, la pairie et la royauté ont survécu avec leurs prérogatives essentielles; que le roi d'Angleterre peut encore aujourd'hui, par une simple proclamation et sans craindre d'éprouver de résistance, proroger ou dissoudre les chambres, congédier les premiers fonctionnaires de l'État et créer des pairs; qu'en outre il commande les armées et négocie avec les puissances étrangères, on conviendra qu'un gouvernement qui a su conserver ainsi l'équilibre des pouvoirs en maintenant l'ordre et la liberté est le gouvernement vraiment éclectique.

Ces vérités reçoivent une nouvelle confirmation de l'étude de notre histoire.

Philippe-le-Bel, pour arrêter les entreprises de la cour de Rome, trouve que ce n'est point assez de l'assistance des barons, il cherche un appui plus général dans le tiers-état. De graves conséquences résultèrent de cette intervention du peuple. L'impôt dut être consenti; les Etats mettront des conditions à leurs votes; de là les cahiers de remontrance, par lesquels on voit qu'ils ne demeurèrent étrangers à aucun des grands intérêts du pays : la discipline ecclésiastique, l'administration de la justice, les abus des cours, l'aptitude des fonctionnaires publics, les traités, la défense du territoire, la succession à la couronne, les régences, les alliances, ils eurent l'œil sur tout; ils écoutèrent les pétitions et les plaintes; enfin, ils préparèrent les lois les plus célèbres, appelées *lois du royaume*, pour les distinguer de celles qui provenaient du propre mouvement du prince (1). Pourquoi cet élan vers un système libéral a-t-il, en France, produit si peu pour le peuple? c'est que les Etats ont en vain réclamé des réunions périodiques, et qu'ils ont manqué des prérogatives qui ont assuré, en Angleterre, l'existence et la durée du parlement : il est donc arrivé que, lorsqu'on réclamait le plus hautement un édit de réformation générale, l'on touchait à la monarchie absolue de Louis XIV (2).

Si le gouvernement de nos pères n'était pas de nature à développer un système de garanties constitutionnelles et à étendre les libertés publiques, il ne pouvait cependant arrêter cette marche de l'esprit humain qui, tôt ou tard, entraîne tout, et qui doit être plus rapide et plus forte

(1) Voyez l'ouvrage du président Henrion de Pansey, intitulé *Des assemblées nationales en France*, 39e chap., dernier alinéa.

(2) M. Guizot, dans l'ouvrage intitulé *Essais sur l'Histoire de France*, démontre qu'en Angleterre les progrès de la civilisation ont toujours marché de front avec ceux de la liberté, et n'en ont même souvent été que la conséquence, tandis qu'en France ils les ont précédés, ou en sont restés indépendans.

chez le peuple le plus éclairé ; aussi, la monarchie de Louis XIV, qui jeta tant de lumières dans le monde civilisé, devait-elle hâter en France l'avènement du seul gouvernement vraiment rationnel, en y disposant les esprits. Le moment de l'établir vint lorsque les Etats furent de nouveau réunis, en 1789 ; et il est probable que si alors les réformes n'avaient eu pour objet que de constituer le gouvernement, à l'exemple de l'Angleterre, elles eussent ouvert à la France une ère de bonheur et de vraie liberté ; cette conjecture est d'autant plus vraisemblable que tous les élémens des libertés publiques se trouvaient dans les traditions françaises, et qu'une fois le régime constitutionnel justement apprécié, elles se fussent, avec plus ou moins d'opposition, développées comme d'elles-mêmes. Pour cela, il fallait que chacun des trois grands pouvoirs constitutionnels eût ses attributions déterminées, de manière à conserver un indispensable équilibre, et c'est ce qui ne fut pas fait. Aussi, dès que l'assemblée constituante eut, par la concentration du pouvoir législatif dans une seule chambre, par le mépris des prérogatives de la couronne et la confusion du pouvoir exécutif avec le pouvoir législatif, violé tous les principes du droit constitutionnel, on tomba dans les fautes et les malheurs qui préparèrent et accompagnèrent la mort funeste de Louis XVI.

Il n'en fut plus ainsi depuis l'établissement de la monarchie représentative : une nouvelle révolution éclata en 1830 ; en conservant à la couronne ses prérogatives essentielles, elle étendit réellement les libertés publiques, comme le fit celle de 1688 en Angleterre ; on lui doit la réforme électorale, l'initiative aux chambres, la publicité des débats de la pairie, un meilleur système municipal, la séparation de l'Église et de l'État, et d'autres améliorations moins importantes dans le gouvernement de la France.

J'ai la conviction que plus on étudiera l'histoire, plus on y verra que la véritable politique d'éclectisme et de progrès n'existe qu'avec le régime constitutionnel; sous ce régime seul et en se renfermant dans les conditions de l'harmonie des trois pouvoirs, la liberté est réelle, parce que l'autorité est assez forte pour faire respecter les droits de tous, et assez contenue pour ne pouvoir les violer impunément.

Si la monarchie représentative semble quelquefois ne pas satisfaire assez vite des prétentions fondées, ou négliger certains intérêts nouveaux, elle ne cesse cependant pas d'être un système rationnel. Loin de là, c'est précisément parce que ce gouvernement est l'expression de l'opinion publique, qu'il doit l'étudier, marcher avec une sage lenteur, et tenir compte de tout ce qui compose les habitudes d'un peuple. Il est par cela même gouvernement de pratique et non de théorie; il peut s'appliquer à toutes les conditions de civilisation et se développer ensuite avec elle par l'instruction. C'est ainsi que les libertés s'introduisent sans violences, que les habitudes changent sans secousses, que les préjugés s'effacent, et qu'un peuple qui eût reculé devant l'ombre de la république se trouve conduit sans efforts aux dernières limites d'une sage liberté par la direction même de sa raison (1).

(1) Nous voulons le progrès par les moyens constitutionnels...., la liberté selon la loi. (M. Dupin, *Discours du 9 janvier 1834.*)

CHAPITRE XIV.

Comment le régime représentatif s'appuie sur les intérêts positifs.

Le droit public sera l'expression de la vérité et de l'équité, s'il règle les rapports de l'homme en société de telle manière que tous les intérêts étant appréciés selon leur importance, jamais un intérêt plus grand ne soit sacrifié à un plus faible, ce qui constituerait le privilége, et que jamais la liberté ne soit limitée sans une nécessité réelle, ce qui serait l'arbitraire. Aucune législation n'atteindra entièrement ce résultat, parce qu'il n'est pas donné à l'homme, avec sa faiblesse et ses passions, de rien faire de parfait : tel est néanmoins le but que les législateurs doivent se proposer, et auquel tend évidemment le gouvernement représentatif.

En effet, il ne faut pas juger de l'importance d'un intérêt, abstraction faite des circonstances qui le grandissent ou le réduisent ; de même qu'il y aurait erreur à ne pas consulter le système monétaire d'un pays, pour apprécier la valeur des pièces qui y ont cours. Or, nul individu ne peut faire seul cette juste appréciation de tous les intérêts ; indépendamment des immenses connaissances positives qu'un tel jugement exigerait, chacun est porté à faire prévaloir l'esprit de la classe ou de la profession à laquelle il appartient : ainsi un militaire mettrait trop d'arbitraire et de rigueur dans la loi ; un magistrat trop de formalités et de contraintes ; un agriculteur n'écouterait pas toujours les vœux du commerce ; un commerçant ne prendrait pas assez en considération l'attitude digne qu'un gouvernement doit avoir vis à vis l'étranger ; aussi le pouvoir législatif, sous le régime constitutionnel, a-t-il été confié à des défenseurs éclairés des divers intérêts, afin qu'une fusion s'opérât entre eux, par ces concessions réciproques qui produisent l'harmonie générale.

Chacun de nous ne pouvant être appelé à faire la loi, il faut voir du moins notre intérêt personnel représenté et défendu, et comme c'est moins à l'exercice des droits politiques que l'on s'attache qu'à la paisible jouissance des biens qu'ils garantissent, la raison exige que ces droits soient exercés par des mandataires choisis de telle sorte que leur garantie soit efficace.

Le degré de lumières et de capacité étant presque insaisissable, et le cens, d'après l'impôt, étant facile à constater, on a pris l'impôt pour base des conditions électorales. D'une part, l'impôt embrasse tous les intérêts, puisqu'il frappe sur toutes les jouissances ; comme c'est d'ailleurs la charge la plus onéreuse, il devenait naturel que ceux qui supportaient le poids le plus fort de cette charge fussent appelés à la consentir. D'autre part, la propriété suppose généralement les lumières, soit qu'elle facilite l'éducation, soit qu'elle en devienne le résultat ; l'élu, d'après cette base, a donc, en général, intérêt à la chose publique et aptitude à la régir.

Assigner ces conditions à l'exercice des fonctions électorales, ce n'est pas porter atteinte à des droits naturels ; car je ne pense pas que les citoyens qui sont exclus par défaut de lumières puissent réclamer ; et quant à ceux qui, pourvus de plus ou moins d'instruction, ne possèdent pas encore, avec du travail et de l'ordre ils pourront acquérir des propriétés. Si, avant la maturité des fruits de leur travail, vous leur accordez les droits politiques, qui doivent en être la récompense, il en résultera qu'ils s'efforceront de changer un ordre civil et politique qui tend à accroître leurs désirs et leurs besoins. On peut en assigner trois motifs : le premier est que l'homme sans fortune est d'autant plus disposé à se jeter dans un parti extrême, que, par son instruction et sa capacité, il se trouve dans une plus fausse position ; le second, c'est que l'indigence, ne voyant que dans le présent, ne peut avoir l'esprit de conservation ; le troisième enfin, c'est que l'on ne cherche guère à demander au travail ce que l'on pense pouvoir obtenir autrement, plus vite et avec plus d'éclat. La carrière ainsi ouverte à l'esprit d'innovation, qui peut prévoir où il s'arrêterait ? quand n'y aurait-il plus de prolétaires mécontens de leur position? Il est évident d'ailleurs que ceux qui aujourd'hui bouleverseraient l'ordre social, demain le reconstruiraient sur les mêmes bases, en cherchant à l'affermir : ce n'est pas seulement la raison qui l'enseigne, l'expérience qui le prouve ; c'est encore la nécessité qui le commande. Il n'y a donc nulle justice, nul profit, mais au contraire un grand danger à accorder témérairement des droits politiques dont l'esprit de parti, les passions et la paresse seraient prompts à abuser (1). Ces observations suffisent pour avancer que l'intérêt bien entendu des prolétaires eux-mêmes, pour lesquels les moindres fruits de leurs travaux sont aussi précieux à conserver que l'est un riche patrimoine aux yeux d'un propriétaire opulent, se trouve dans l'affermissement de l'ordre établi par le système représentatif, pour la juste appréciation des droits de tous.

(1) La volonté du grand nombre et les intérêts du grand nombre sont rarement la même chose. (Burke. *Réflexions sur la révolution de France*, p. 88.)

Cependant il est indispensable que chacun ait la possibilité de devenir propriétaire par son travail et son instruction : cette possibilité est évidente sous un gouvernement où tous sont également admissibles aux emplois publics, où la libre concurrence d'industrie assure le succès aux plus laborieux et aux plus habiles ; où enfin, par les lois de succession, le sol devient le partage d'un grand nombre (1).

Afin néanmoins qu'il en soit toujours ainsi, le cens doit comprendre assez d'électeurs, pour qu'un esprit libéral d'équité règne dans les lois, et se retrouve dans les actes du gouvernement ; mais non cependant un nombre tel que l'esprit aveugle d'innovation que suscitent les passions ou la paresse vienne jamais à prédominer : aussi est-ce une question d'un immense intérêt que celle de la fixation du cens nécessaire pour être électeur ou éligible : du despotisme à la république tout est là : de la fixation du cens peuvent résulter l'ordre et la liberté, ou l'esclavage et l'anarchie. On sent que pour cette fixation il faut prendre en considération la population, la richesse du pays et le degré d'instruction du peuple ; que dès lors on ne peut donner des règles générales ; que le cens pourra changer ; qu'il sera toujours un objet de controverse ; et qu'en cette matière l'expérience sera le meilleur guide. Néanmoins, lorsque le cens est fixé par la loi, il serait imprudent de le changer sans une extrême nécessité, parce que de fréquentes variations exposeraient le gouvernement représentatif à une mo-

(1) L'Angleterre a cet immense avantage que c'est par l'élévation des rangs inférieurs, et non par l'abaissement des rangs élevés, que les inégalités se rapprochent : le peuple ne conteste à l'aristocratie ni ses prérogatives, ni ses richesses ; il est trop fier pour réclamer autre chose qu'une libre carrière, certain que le talent et l'énergie sauront bien lui frayer une route jusqu'à des honneurs accessibles pour tous. (De Staël-Holstein, *Lettres sur l'Angleterre*, p. 174.)

bilité qui finirait par en dégoûter les meilleurs esprits.

Ce serait, du reste, en vain que tous les intérêts positifs auraient des organes et des défenseurs, dans une assemblée élue sous les conditions d'aptitude les plus justes, si cette assemblée devait voir triompher dans son sein un parti jaloux d'assurer sa suprématie politique au mépris des droits et des intérêts communs. Or, on sait qu'une assemblée qui ferait la loi seule, sans entraves et sans contrôles, serait absolue; sa volonté étant l'unique règle, toute résistance serait pour elle un prétexte d'envahissement; elle absorberait, comme malgré elle, tous les pouvoirs, soit par des mesures législatives sur des objets particuliers, soit par l'infirmation des jugemens et le mépris des juridictions, soit enfin par cette influence qu'exerce un corps d'où tout dépend dans l'Etat; qu'importe qu'elle donne accès aux opinions diverses, un parti y prévaudra toujours sur l'autre; il l'opprimera; la vraie liberté et cette modération nécessaire à la manifestation du juste, de l'utile et du vrai, seront bannies des délibérations. On a donc reconnu la nécessité de contre-balancer l'autorité d'une assemblée législative unique, par une autre assemblée, investie d'une autorité semblable. Des deux assemblées l'une, plus démocratique, représente l'universalité du peuple; l'autre, plus aristocratique, représente la partie du peuple parvenue à une condition meilleure par l'instruction, le talent et la fortune. Une pairie composée d'hommes distingués par leur illustration et leurs lumières, et dont le sort élevé est lié au maintien de la Constitution, sait, en concédant ce qui est légitimement réclamé par l'esprit de progrès, maintenir sur ses bases l'ordre existant: une seconde discussion des projets de lois, au sein d'une telle réunion, doit assurer le triomphe de la raison publique sur les folles et téméraires entreprises des partis.

L'expérience fera connaître à la France si le pouvoir aristocratique ne se conserve que par l'hérédité ; si la nomination des pairs à vie, et dans les catégories déterminées, n'est pas une garantie suffisante de l'indépendance de la pairie; si d'ailleurs la royauté, à cause des puissans auxiliaires que la presse et le principe d'élection donnent à la démocratie, n'avait pas besoin de nos jours d'un appui plus fort dans la Chambre haute; si enfin cette innovation n'était pas commandée par la nécessité d'ouvrir une carrière plus large à l'aristocratie de talent et à l'esprit de progrès.

En résumé, ce qui donne lieu aux fausses théories, c'est l'oubli des intérêts réels, ou la préconisation d'un intérêt isolé et exclusif; ce qui les détruit et ramène à des idées justes et positives, c'est la comparaison et la balance des intérêts entre eux. Le régime représentatif est un système exact et positif, parce qu'il appelle à l'exercice des droits politiques des représentans éclairés de tous les intérêts, et que l'équilibre qu'il établit ne permet pas qu'aucun d'eux soit sacrifié à d'injustes exigences; la législation, sous ce régime, est l'œuvre d'hommes qui, attachés à la chose publique par des propriétés de quelque nature qu'elles soient, ont aptitude à la régir par leurs lumières; en sorte que l'on peut dire que *l'intelligence gouverne la société selon ses besoins, que la raison fait la loi selon l'intérêt.*

Je pourrais terminer ici cet écrit; car j'ai montré, dans le système représentatif, tous les caractères du gouvernement de la souveraineté rationnelle; néanmoins je le croirais incomplet, si je ne cherchais encore à prouver que ce régime, s'il cessait d'admettre la royauté comme élément de son organisation politique, ne serait plus le système rationnel créé par les progrès de la civilisation.

CHAPITRE XV.

Comment le principe monarchique est essentiel au régime représentatif fondé sur la souveraineté rationnelle.

Le régime représentatif ne peut jamais devenir despotique; car il cesserait d'être, soit que la représentation ne fût plus qu'un vain simulacre par l'altération des principes constitutionnels, soit que, devenue purement aristocratique, la représentation ne répondît plus qu'à un intérêt de caste; mais il peut être démocratique ou monarchique. Ce dernier régime est celui que je considère comme le plus propre à assurer la vraie liberté et comme le meilleur résultat des progrès de la civilisation.

Deux systèmes politiques se sont particulièrement partagé l'empire du monde : celui de la monarchie et celui de la république; l'un et l'autre a ses avantages et ses inconvéniens, qui souvent, au reste, dépendent des temps, des lieux, des mœurs. La concentration du pouvoir dans la monarchie a conduit au despotisme, et le despotisme a été injuste et vexatoire; dans la république, au contraire, la diffusion de l'autorité a produit trop souvent l'anarchie, source d'un autre genre de tyrannies et d'injustices. Le despotisme laisse incertaine la jouissance des facultés qu'il accorde; sous la république, il n'est aucun droit, aucune suprématie qui ne soient convoités par des chefs de parti, d'autant plus dangereux qu'ils ont action sur des masses ignorantes. Enfin le despotisme abaisse trop le sujet qui, n'étant rien dans l'Etat, ne s'intéresse point assez à sa prospérité; la république, au contraire, exalte trop le citoyen privé, qui se persuade que sa présence et son action sont partout indispensables, et pense qu'en toutes choses le salut et la prospérité publics dépendent de lui.

Ces deux systèmes opposés ont été modifiés de mille manières; par l'influence de l'aristocratie, par celle des doctrines religieuses, par la tendance de l'esprit militaire ou du pouvoir judiciaire; mais il n'appartenait qu'au régime à la fois monarchique et représentatif, système de transaction et d'éclectisme, d'allier les principes divers de ces gouvernemens opposés, en conservant de chacun ce qu'il a d'utile, et corrigeant ou neutralisant ce qu'il a de défectueux. On lui fait le reproche d'être inconséquent, de s'arrêter dans les voies qu'il a ouvertes, parce qu'il n'admet pas, avec la même extension que les gouvernemens primitifs, les élémens qu'il leur emprunte. De tels reproches sont évidemment mal fondés. Eh! quelle loi dans la nature n'est pas modifiée dans son application par des exceptions, par des lois secondaires avec lesquelles elle se combine? Comment une société d'hommes, limités dans leurs facultés, ayant des passions, des intérêts différens, pourrait-elle être soumise à une législation uniforme dans laquelle tous les principes seraient absolus? Qui ne voit que l'on irait droit ainsi, d'un côté, à la concentration de tous les pouvoirs, de l'autre, à la dissolution complète de la société, et à l'absurde en tout sens? Le but du régime constitutionnel étant précisément de concilier les intérêts par leur pondération calculée, il doit, moins que tout autre, être exposé à ce qu'on le taxe d'inconséquence et de contradiction, parce qu'il changerait de nature le jour où il sortirait de ce système d'éclectisme et de transaction : cette destruction de l'équilibre des pouvoirs serait un retour vers le passé, un pas rétrograde; pour s'en convaincre, il suffit de se rendre compte des effets d'une semblable révolution. Si l'on revient à la monarchie pure, on sacrifie les garanties des droits reconnus à chaque classe de la société ; on donne ouverture aux priviléges ; alors cesse toute certitude d'une bonne distribution de la justice et d'une sage économie dans les finances. Alors plus d'assemblées municipales, plus d'élections libres, ni de représentation, organe fidèle de l'opinion publique. Si par contre l'on revient à la république, on sacrifie cette unité du pouvoir exécutif qui fait la puissance d'un Etat, qui produit et maintient l'action facile et régulière d'une bonne administration ; on excite les passions par l'enthousiasme et la rivalité ; les axiomes les plus essentiels de l'ordre social sont remis en question ; chaque citoyen se flattant de parvenir à réformer ou à diriger le gouvernement, le pouvoir devient bientôt la proie des plus intrigans et des plus fougueux ; la modération, cette balance de l'équité, est brisée par de telles mains, et la vraie liberté, le repos domestique et la confiance s'évanouissent.

Si tel est, en général, le danger de la république, combien ne serait-il pas plus imminent chez une grande nation dont les habitans seraient opposés à ce régime, et où la république serait obligée, pour se maintenir, d'user de moyens violens et arbitraires? Le titre de citoyen, des fêtes nationales et un drapeau national sur lequel est inscrit le mot *liberté*, ne constituent pas le bien-être ; il faut surtout, en exerçant les droits de citoyen, jouir de cette liberté calme et durable qui fait fleurir le commerce, les arts et les sciences, développe nos facultés, double nos richesses et avance réellement la civilisation dans la voie de la perfectibilité sociale. Pour arriver à cet état prospère, il est nécessaire que ce peuple ait à se louer d'une administration régulière, qu'il ne puisse être divisé, ni affaibli par des dissentions intestines, que les droits de tous soient maintenus avec fermeté, les lois obéies ; qu'enfin un même esprit anime les agens du pouvoir exécutif, ce qui conduit à reconnaître la nécessité d'un chef unique, Roi ou Président.

La royauté constitutionnelle, par une fiction qui est un des plus grands résultats de la politique éclectique et progressive des temps modernes, réunit en elle, au moyen de l'*hérédité* et de l'*inviolabilité*, les élémens les plus certains de stabilité du gouvernement et du repos public, sans néanmoins paralyser la responsabilité des agens du pouvoir (1). La présidence, au contraire, n'offre de semblables garanties ni dans son caractère, ni dans sa durée. Trop directement responsable, un président, qui n'est pas d'ailleurs suffisamment hors de la sphère des agens de son pouvoir, ne se trouve pas, comme un monarque, placé au dessus des passions et des vicissitudes des partis politiques. Cela tient non seulement à l'existence temporaire, mais à l'origine de la présidence ; car le président suppose l'élection ; or, l'élection a d'autant plus de dangers que la nation est plus grande, que les passions sont plus vives, et les étrangers plus intéressés à intervenir. Pourquoi, dès lors, la royauté si heureusement liée au système constitutionnel se verrait-elle repoussée par de bons esprits, fiers de leur qualité de citoyen, jaloux des libertés publiques, du repos et de la prospérité de leur pays? Serait-ce par motif d'*amour-propre*, d'*économie* ou de *liberté?* Examinons la question sous ces trois rapports :

L'*amour-propre* du citoyen peut être blessé, lorsqu'un prince ceint la couronne, si à la royauté se joint l'idée d'un

(1) Dans les Etats gouvernés par un prince, les divisions s'apaisent aisément, parce qu'il a dans les mains une puissance coercitive, qui ramène les deux partis ; mais, dans une république, elles sont plus durables, parce que le mal attaque ordinairement la puissance même qui pourrait guérir. (Montesquieu, *Grandeur et décadence des Romains*, chap. IV.)

droit de propriété, qui fait qu'un souverain dispose des destinées du peuple à son gré, comme de sa chose propre. Il en est tout autrement lorsque le souverain, véritable mandataire de la nation, chargé de la représenter, avec la majesté qui s'attache à l'unité et à la perpétuité du pouvoir, est considéré comme le gardien des lois que la nation se fait à elle-même, et comme le dépositaire de la force publique, pour en user selon le vœu du pays. C'est ainsi, en effet, que se comprend la royauté dans la monarchie représentative, où le peuple exerce la souveraineté de la seule manière qui soit rationnelle et vraie dans la pratique, c'est à dire, par l'ascendant de la raison publique ou de l'intelligence des hommes éclairés du pays, par le concours de la presse et des élections. Cet ascendant et ce concours créent les majorités, préparent le travail des lois, et désignent à la nomination du roi les ministres responsables. La royauté est alors un pouvoir qui découle d'un principe d'unité, de force et de perpétuité, et qui fait du souverain la clef de voûte de l'édifice social, le bouclier de l'Etat, le grand-prêtre de la loi et le représentant de la nation à l'extérieur. Une telle institution, loin d'humilier un peuple, n'a rien qui ne lui profite et ne l'honore.

L'*économie* est presque impossible dans la monarchie absolue, où l'administration dispose sans contrôle des deniers publics, où rien ne limite les désirs des souverains et les exigences des cours ; mais lorsque les représentans du pays, tenant, pour me servir d'une expression vulgaire, les cordons de la bourse, sont appelés chaque année à voter et à contrôler les dépenses; lorsqu'un tribunal inamovible les régularise, lorsque les ministres sont responsables, on doit voir bientôt s'effectuer les économies conciliables avec les besoins du service et la dignité de la nation. Qui porterait obstacle à ces économies? serait-ce la faiblesse des représentans?

mais c'est là le vice de l'humanité et non de l'institution. Serait-ce l'autorité du prince? mais il ne peut qu'apporter un retard momentané aux réductions réclamées par le vœu des majorités, et ce retard est quelquefois nécessaire pour prévenir des économies ruineuses, susceptibles, par exemple, de tarir une source des richesses du pays, d'affecter le crédit, ou de détruire un objet qu'il faudrait ensuite recréer à grands frais. Une telle prérogative doit être envisagée comme un empêchement aux réformes inconsidérées et non comme un obstacle aux réformes utiles. Quant à la république, on sait que les charges locales et les vicissitudes des partis viennent souvent y faire regretter, même sous le rapport financier, le régime monarchique.

Enfin, la monarchie constitutionnelle peut-elle promettre autant de liberté que la république? Ceux-là peut-être ne le croient pas, qui voient la liberté dans l'exclusion des signes de la royauté et l'humiliation de ce qu'ils appellent les grands, dans l'enthousiasme des esprits ardens et l'exercice du pouvoir par les hommes dont l'exaltation remplace les lumières et l'expérience. Quant aux esprits sages qui pensent que la vraie liberté, compagne de la modération, est le fruit de l'exécution franche et impartiale des lois, et qu'elle s'attache moins à être prodigue de déclarations de droits politiques qu'à assurer les droits qu'elle reconnaît, comment ne demanderaient-ils pas cette liberté avec plus de confiance à la monarchie représentative qu'à la république? On conviendra que la stabilité, la perpétuité du pouvoir sous ce régime, sa force morale contre les partis, l'action régulière et permanente de son administration, l'indépendance de sa magistrature, enfin ses rapports plus naturels et plus faciles avec les autres gouvernemens, sont autant de motifs de préférer les garanties certaines qu'elle offre, aux vagues promesses de la république, trop souvent faussées par l'exagération des opinions démocratiques. On ne saurait être retenu par la crainte de l'abus que la royauté serait à même de faire de son pouvoir; car nul gouvernement ne présente des institutions plus protectrices de l'ordre et de la liberté à un peuple qui a le sentiment de ses droits et de ses devoirs, et qui tient à conserver les uns et à être fidèle aux autres. Si le roi a l'initiative, les chambres l'ont aussi; s'il peut dissoudre la chambre des députés, il est tenu d'en réunir une nouvelle dans un délai fixé; il ne peut faire des lois, ni lever des impôts sans le concours des chambres, tandis que celles-ci, qui ont d'ailleurs pour auxiliaires la presse et l'indépendance des tribunaux et du jury, peuvent, par la mise en accusation des ministres, par le refus du vote de l'impôt, par un défaut de concours, lier la royauté de toute manière. Ainsi, aux yeux de tout homme qui désire l'ordre et la justice unis à la liberté, la chambre élective ou démocratique, la chambre aristocratique et la royauté trouvent chacune des garanties suffisantes dans le système d'équilibre que je viens d'exposer (1).

L'amour-propre, l'économie, la vraie liberté ne peuvent donc que gagner à la préférence accordée à la monarchie constitutionnelle. Tel doit être, en effet, le résultat du gouvernement propre de la souveraineté rationnelle (2).

S'il en est ainsi, ce gouvernement a plus d'avenir qu'aucun

(1) Si la constitution (en Angleterre) donne une grande latitude à l'autorité du roi, elle l'environne d'un cercle de formes qui arrêtent l'abus qu'il pourrait en faire; elles l'isolent, pour ainsi dire, au milieu de toute sa puissance, en rendant ses agens personnellement responsables de leur dévouement aux intentions du monarque. (Delacroix, *Constitutions des principaux États de l'Europe*, t. II, p. 247.)

(2) Delolme, dans son ouvrage sur la *Constitution d'Angleterre*, démontre bien la supériorité de la monarchie représentative sur la république; il fait surtout ressortir, dans le chapitre X du tome II

autre. Peut-être viendra-t-il un temps où cette monarchie fera envie aux habitans mêmes des États-Unis, lorsque, vieillis dans la civilisation, ils connaîtront l'abus des richesses, les dangers des luttes intestines et la nécessité d'un pouvoir stable et puissant; la république n'ayant pas en elle-même plus de ressources que la monarchie représentative et excitant mille fois plus de désirs, de besoins et de passions, porte en elle des germes de dissolution, qui, loin de la faire considérer comme un progrès, semblent la rendre un obstacle à l'entier développement de la civilisation. Aussi je remarque que les partisans, très peu nombreux, de la république sont, pour la plupart, aujourd'hui, des jeunes gens de peu d'expérience, ou des hommes placés par leur instruction au dessus de leur fortune, qui, quand ils arrivent à l'âge mûr, ou lorsque leur position s'est améliorée, abandonnent souvent les opinions républicaines pour se rallier à la monarchie constitutionnelle. D'autres aussi n'y persistent que parce qu'ayant acquis quelque célébrité dans leur parti, le respect humain les y retient.

l'avantage immense de la séparation du pouvoir législatif et du pouvoir exécutif, séparation qui n'existe parfaitement que dans la monarchie constitutionnelle, et d'où il résulte d'abord que le peuple peut donner sa confiance sans donner du pouvoir sur lui-même et contre lui-même, p. 30.

CONCLUSION.

Cet écrit est le développement de ces deux propositions :

« *Le principe de la souveraineté est, non dans la volonté*
» *individuelle, mais dans l'intelligence sociale.*

» *La monarchie représentative est le gouvernement propre*
» *de la légalité fondée sur la souveraineté rationnelle.* »

Pour le prouver, j'ai cherché à montrer que la civilisation, après avoir préparé les réformes avantageuses à l'humanité, a dû donner naissance à un gouvernement nouveau. J'en ai établi les bases et les conditions. J'ai terminé cet écrit en émettant l'opinion que le régime représentatif sans la royauté cesserait de remplir les conditions de ce gouvernement rationnel, que je regarde comme le meilleur résultat politique des progrès de la civilisation.

Je n'ai certainement pas la présomptueuse espérance de voir mes convictions partagées par tous ceux qui voudront bien lire cette brochure; cependant, diverses considérations pourront frapper ceux-mêmes qui rejetteront ces opinions, et attirer, de leur part, un sérieux examen sur les questions qui y sont traitées.

Nier l'action toute puissante de l'intelligence sur la société est chose impossible; soutenir que cette action ait renouvelé la face du monde, que les conditions des gouvernemens ne soient plus les mêmes qu'autrefois, c'est ce que l'on entend chaque jour et partout. Il faut donc en venir à un système nouveau, approprié à l'état actuel de la société, et qui, avec les élémens d'une civilisation transcendante, concilie l'ordre et la liberté. Renoncer à voir jamais le problème résolu serait désespérer du sort de l'humanité et faire gratuitement outrage à la sagesse divine. Or, la vraie solution, je la trouve, non dans la création des publicistes ni dans les utopies des philosophes, mais dans l'œuvre du temps.

Un gouvernement est né de l'épreuve des révolutions ; il a grandi avec la civilisation chez un peuple libre.

Gouvernement *fondé sur la souveraineté rationnelle* ; il consulte, non la volonté individuelle, mais la raison publique, par l'organe des hommes éclairés et capables, auxquels il confère l'exercice des droits politiques.

Gouvernement d'*ordre légal*; il investit la loi d'une autorité morale et souveraine, en la rendant l'expression de l'intelligence du pays, et en y assujétissant tous les pouvoirs.

Gouvernement *de progrès*; il a donné à toutes les libertés des garanties efficaces.

Gouvernement d'*éclectisme*; il a opéré une grande transaction en empruntant à chaque principe ce qu'il a de bon, d'utile et de vrai, et en fondant l'harmonie générale sur la balance des pouvoirs et la limitation des attributions.

Gouvernement *basé sur les intérêts positifs*; il a donné à tous des organes et des défenseurs.

Il m'est donc permis de le regarder comme le gouvernement de l'avenir ; car, que l'on revienne au despotisme ou à la république, la marche est rétrograde, tandis qu'il ouvre carrière à toutes les améliorations que l'on doit attendre des progrès de l'instruction et des découvertes de l'industrie. Que ceux qui rêvent, soit une égalité absolue autrement que devant la loi, soit la souveraineté du peuple autrement que par l'intervention rationnelle de l'instruction et de la capacité, soit enfin tous les systèmes qui supposent la perfection morale de l'homme et l'unité d'intérêts, renoncent donc à des hypothèses condamnées par l'expérience de tous les siècles, pour se rattacher à la monarchie représentative, gouvernement qui est le fruit de cette expérience, et qui assure aux Français plus de vraie liberté que n'en a jamais obtenu aucun peuple.

FIN.

TABLE DES CHAPITRES.

FIN DE LA TABLE.

LIBRAIRIE ANCIENNE ET MODERNE

DE

THÉOPHILE BARROIS PÈRE ET BENJAMIN DUPRAT,

rue Hautefeuille, n° 28, à Paris.

1836

ŒUVRES

DU PRÉSIDENT

HENRION DE PANSEY,

AVEC NOTICES SUR SA VIE, ETC.,

ÉDITION IMPRIMÉE PAR JULES DIDOT L'AÎNÉ.

7 vol. in-8, br., 48 fr.

On peut se procurer séparément chacun des ouvrages dont se compose cette collection :

DES ASSEMBLÉES NATIONALES EN FRANCE, depuis l'établissement de la monarchie jusqu'en 1614, seconde édition, 2 vol. in-8, br., 12 fr.

DE L'AUTORITÉ JUDICIAIRE EN FRANCE, troisième édition, 2 vol. in-8, br., 15 fr.

DE LA COMPÉTENCE DES JUGES DE PAIX, dixième édition, in-8, br., 8 fr.

DU POUVOIR MUNICIPAL et de la police intérieure des communes, troisième édition, in-8, br., 6 fr. 50 c.

DES BIENS COMMUNAUX et de la police rurale et forestière, troisième édition, in-8, br., 8 fr.

DES PAIRS DE FRANCE et de l'ancienne constitution française, in-8, br., 2 fr.

GRAMMAIRE ITALIENNE ÉLÉMENTAIRE, ANALYTIQUE ET RAISONNÉE, suivie d'un aperçu de la versification italienne, par G. Robello; seconde édition, entièrement refondue, 1 vol. in-8, sur beau papier, · · 6 fr. 50 c.

Le principe qu'*une Langue n'est, en réalité, que l'expression du caractère national* est reconnu de tous les philosophes; mais aucun grammairien n'avait encore pensé à l'appliquer à l'étude pratique. C'est sur ce principe, à la fois si simple et si rationnel, qu'est fondée la méthode dont cet ouvrage est le développement.

On conçoit que l'enseignement ainsi refait se présente sous un jour complètement neuf; que, considérées sous ce point de vue, les langues cessent d'être une collection de mots confus, un assemblage de phrases matérielles propres uniquement à représenter les idées du moment; on comprend enfin que la philologie puisse devenir une étude pleine d'intérêt pour qui veut se rendre compte des mœurs et des révolutions des peuples.

Il se rencontrait sans doute des difficultés nombreuses dans l'exécution de ce plan; il fallait composer une grammaire qui, bien que philosophique, ne cessât d'être essentiellement élémentaire, et à la portée de tous les âges et de toutes les intelligences; une grammaire enfin qui fût instructive et amusante. M. Robello a surmonté toutes ces difficultés, d'abord en cherchant à captiver le lecteur par des détails aussi agréables qu'intéressans, et ensuite, par l'ordre qu'il a établi dans la classification des matières. En effet, règles élémentaires, explications raisonnées, thêmes, phraséologie, observations philologiques, tout est séparé, tout est classé graduellement, de manière que chaque élève pourra s'occuper de toutes les parties ensemble, ou seulement de celle qui formera le but particulier de son étude.

La partie pratique de la langue a été aussi l'objet de toute son attention. Plus de quatre mille phrases italiennes, choisies dans les meilleurs auteurs, toutes traduites en bon français, viennent à l'appui des préceptes. De plus, l'*accent prosodique* a été marqué sur tous les mots italiens; les étrangers auront ainsi un guide sûr pour exercer leur oreille aux justes intonations de cet accent.

La Grammaire est suivie d'un traité aussi clair que concis sur la versification, où l'on pourra se convaincre que la langue italienne est toujours la même dans la prose comme dans les vers, qu'elle est toujours soumise aux mêmes règles, toujours guidée par le même génie, et que celui qui a fait une étude approfondie de la grammaire doit comprendre aussi bien les poètes que les prosateurs.

L'exposition des règles étant constamment présentée dans cet ouvrage au moyen de formes comparatives entre le français et l'italien, les étrangers pourront s'exercer à la fois dans les deux langues; et les Italiens eux-mêmes, tout en se fortifiant dans le français, trouveront peut-être que cette Grammaire ne leur est pas tout à fait inutile pour mieux connaître et apprécier leur propre langue.

Les suffrages qui ont honoré la première édition imposaient à l'auteur l'obligation de revoir avec soin son ouvrage, de mieux développer ses idées, et de faire tous les changemens et toutes les améliorations qu'il reconnaissait nécessaires. La seconde édition que nous annonçons est le résultat de ce travail.

Esempi di bello scrivere in prosa proposti agli studenti di umane lettere, dall' avvocato Luigi Fornacciari. Seconda edizione notabilmente ampliata; *Milano*, 1830, in-12, 4 fr.

En faisant venir de Milan des exemplaires de cet excellent cours de littérature, qui dès son apparition a été adopté comme classique par toute l'Italie, nous croyons avoir rendu service aux personnes qui veulent connaître la langue italienne dans toute sa pureté, et qui trouveront dans ce recueil de parfaits modèles de tous les styles.

Le célèbre Lucchesini, qui a rendu compte de cet ouvrage dans le Journal de Lucques, n° 24, s'exprime en ces termes:

« Un libro che riunisca ottimi esempi d'ogni genere di prosa italiana, e possa con sicuro animo porsi in mano ai giovinetti che danno opera allo studio della rettorica, è un libro non solo utile, ma necessario... Molta lode pertanto si deve al signor Fornacciari, che molto sapere e buon giudizio ha mostrato in questo libro, e con zelo grande pel vantaggio de' suoi discepoli ne ha sostenuta la fatica. »

Notices et Extraits des manuscrits de la bibliothèque du Roi, et autres bibliothèques. *Paris*, Imprimerie royale, 12 vol. in-4, 180 fr.

En 1785, Louis XVI confia à l'académie des Inscriptions et Belles-Lettres le soin de faire connaître par des notices exactes et des extraits raisonnés les manuscrits de la Bibliothèque. Le but de cet établissement fut de ranimer l'étude des langues savantes et des monumens historiques, de découvrir à la France des richesses qu'elle possède et qu'elle ignore, de lui en montrer l'usage, et de faire jouir l'Europe entière de ce que peut fournir à l'histoire et à la littérature l'immense et précieuse collection des manuscrits de sa bibliothèque. Pour donner au projet toute l'étendue et toute l'utilité dont il était susceptible, l'exécution n'en fut pas absolument concentrée dans l'académie, ni bornée aux manuscrits de la bibliothèque du Roi. Tous les savans, tant de la capitale que des provinces, furent invités à faire connaître pareillement les manuscrits renfermés dans les dépôts publics et particuliers, où ils pourraient avoir accès, et à envoyer leur travail au secrétaire perpétuel de l'académie, chargé d'en faire le rapport au comité et d'en former des volumes séparés.

Ce travail n'a rien de commun avec celui qui a été fait à la bibliothèque du Roi pour la confection du catalogue. Il est d'une tout autre étendue, et doit procurer la jouissance des richesses dont l'autre ne sert qu'à inspirer le désir. Le catalogue des manuscrits du Roi ne peut effectivement qu'indiquer les ouvrages par leurs titres et leur numéro, et tout au plus donner une idée sommaire de quelques uns des principaux objets qui y sont traités; il ne fait proprement qu'assurer l'existence de ces ouvrages. Il laisse aux personnes obligées d'y avoir recours le soin de les consulter, d'y rechercher ce que le titre semble leur promettre d'intéressant, et souvent le désespoir de pouvoir faire cet examen ou par leur éloignement, ou par leur ignorance de la langue dans laquelle l'ouvrage est écrit.

La collection des Notices fait disparaître ces inconvéniens. Un savant étranger, sans communication avec Paris et avec la bibliothèque du Roi, peut, des extrémités du monde, profiter des trésors que renferme ce dépôt, et sait ce que les nombreux manuscrits qu'on y conserve contiennent et d'essentiel en eux-mêmes et d'applicable à ses travaux.

On peut se procurer séparément chacun des volumes de la collection des Notices des Manuscrits au prix de 20 fr.

Histoire et Mémoires de littérature de l'académie des Inscriptions et Belles-Lettres. Tomes XLIV, XLV et XLVI; 3 vol. in-4, 60 fr.

Alger sous la domination française, son état présent et son avenir ; par M. le baron Pichon, conseiller d'état, ancien intendant civil d'Alger. 1 vol. in-8, avec cartes, broché, 8 fr.

Campagne d'Afrique en 1830, avec un portrait du dey d'Alger, le tableau de l'organisation de l'armée, et un plan des travaux de siége; par M. Fernel, chef de bataillon de l'armée d'expédition. Seconde édition, 1 vol. in-8, br., 5 fr.

L'auteur de la campagne d'Afrique raconte, avec une franchise militaire qui n'exclut ni le talent de l'observateur, ni le mérite de l'écrivain, l'expédition dont il a partagé les périls et l'honneur. Cet ouvrage est l'exposé fidèle des opérations qui allaient détruire la piraterie dans sa patrie naturelle, et délivrer la chrétienté de l'espèce de dictature exercée sur la civilisation.

Constantinople et le Bosphore de Thrace, par le général Andréossy, ancien ambassadeur à Constantinople; 1 vol. in-8, br., avec atlas in-fol., 15 fr.

Le même, pap. vél., 30 fr.

Depuis la fondation de Constantinople jusqu'aux évènemens les plus remarquables du règne de Mahmoud II, tout ce qui tient à l'histoire de cette importante partie de l'Europe et des peuples qui l'ont habitée est peint à grands traits dans cet ouvrage. Le sultan actuel et la révolution qui l'a mis sur le trône, l'intérieur du sérail, la division politique de l'empire, les mesures qui ont préparé la destruction des janissaires, le khalifat, les derviches, les mosquées, la police intérieure, l'esclavage et l'affranchissement chez les Turcs; tels sont les sujets qui passent successivement sous les yeux des lecteurs. Un second livre offre la description détaillée, physique et géologique du Bosphore; et le troisième expose le système des eaux compris dans le Delta de Thrace, et qui sert à abreuver Constantinople et ses faubourgs. L'ouvrage est terminé par une nomenclature de tous les ambassadeurs français qui ont été accrédités à Constantinople, avec un précis des principaux évènemens survenus durant leur ambassade. Cette notice, qui intéresse nombre de familles, est un tableau vivant et animé de la politique des puissances chrétiennes à l'égard de la Turquie, durant une période de trois cents ans. L'atlas représente les principaux monumens de Constantinople, tout le système de conduite des eaux, les châteaux d'Europe et d'Asie, et les rives du Bosphore.

JOURNAL DE LA MAGISTRATURE ET DU BARREAU ; doctrines de la cour de cassation comparées avec l'opinion des jurisconsultes les plus célèbres ; par une société d'avocats. Il paraît, chaque mois, une livraison in-8, Prix. pour l'année, 10 fr.

Toutes les questions difficiles qui divisent encore la magistrature et les commentateurs sont successivement traitées dans ce Journal. Sur chacune on trouve non seulement les fluctuations de la jurisprudence, mais encore l'opinion textuelle de tous les auteurs. Ainsi, sans se livrer à des recherches toujours longues et quelquefois impossibles, on a sous la main toutes les armes propres à l'attaque et à la défense. *Le Journal de la Magistrature et du Barreau* est destiné à former un jour une bibliothèque complète de jurisprudence et de droit.

LE JUGE DE PAIX, Journal de jurisprudence civile et de police ; par M. Victor Augier. Il paraît, chaque mois, une livraison in-8. L'abonnement annuel est de 10 fr.

ENCYCLOPÉDIE DES JUGES DE PAIX ; par M. Victor Augier, avocat à la Cour royale de Paris. 5 vol. in-8, br., 35 fr.

TRAITÉ DE LA COMMUNAUTÉ DE BIENS ENTRE ÉPOUX; par G.-B. Battur. 2 vol. in-8, br., 16 fr.

Cet ouvrage, où la pratique est constamment jointe à la théorie et la jurisprudence des arrêts à la doctrine, est le plus complet qui existe sur cette matière.

OEUVRES COMPLÈTES DE PLUTARQUE, traduites en français par Ricard. 30 vol. in-12, br., 55 fr.

On peut se procurer séparément :

VIES DES HOMMES ILLUSTRES. 13 vol. in-12, br., 15 fr.

OEUVRES MORALES. 17 vol. in-12, br., 42 fr. 50 c.

HISTOIRE D'HÉRODOTE, traduite du grec, avec des remarques historiques, etc.; par Larcher. Seconde édition. *Paris*, 1802. 9 vol. in-4, pap. vélin, cartonnés, 150 fr.

La même, 9 vol. in-8, br., 90 fr.

— 9 vol. in-8, gr. pap. vél., rel. en veau, fil., 140 fr.

La traduction du savant Larcher est un des plus beaux monumens qui aient été élevés à la gloire d'Hérodote. Elle est accompagnée de notes critiques et philologiques qui éclaircissent heureusement plusieurs difficultés du texte original ; d'une table géographique, où toutes les notions de ce genre, contenues dans Hérodote, sont recueillies et éclaircies, et d'une chronologie complète d'Hérodote, laquelle est réduite en un système général, discuté dans tous ses détails avec une grande érudition. Cette seconde édition contient des rectifications importantes relatives à la chronologie.

QUINCTILIANI DE ORATORIA INSTITUTIONE libri XII. Totum textum recognovit, pluribus in locis emendavit Cl. Capperonnerius. *Parisiis*, 1725 ; in-fol., 18 fr.

Il reste encore quelques exemplaires de cette édition estimée.

ISOCRATIS ET LYSIÆ OPERA OMNIA, græcè et latinè, cum versione novâ, triplici indice, variantibus lectionibus et notis edidit Ath. Auger. *Paris*, Fr.-Ambr. Didot, 1782. 5 vol. in-8, br., 40 fr.

Le même ouvrage, 5 vol. in-4, gr. pap. d'Annonay.

Rien ne fait plus d'honneur à l'abbé Auger que le travail qu'il a entrepris sur Isocrate et Lysias. L'exactitude patiente avec laquelle il a collationné de nombreux manuscrits recommande cette édition à l'estime des savans.

OEUVRES COMPLÈTES D'ISOCRATE, traduites en français par Auger. *Paris*, 1781. 3 vol. in-8, br., 15 fr.

OEUVRES D'AUSONE, trad. par Jaubert. *Paris*, 1769. 4 vol. in-12, br., 8 fr.

HISTOIRE DE LA RIVALITÉ DE LA FRANCE ET DE L'ANGLETERRE, par Gaillard. *Paris*, 1793. 11 vol. in-12, br., 27 fr. 50 c.

MÉMOIRES DE MADAME DE MOTTEVILLE, pour servir à l'histoire d'Anne d'Autriche, épouse de Louis XIII. 6 vol. in-12, br., 15 fr.

SYSTÈME DE PHILOSOPHIE MORALE DE HUTCHESON, traduit de l'anglais par Eydous. 2 vol. in-12, rel., 5 fr.

LES LOIS CIVILES DANS LEUR ORDRE NATUREL, le Droit public, et *Legum Delectus*, par Domat, nouvelle édition. *Paris*, 1777, in-fol., br., 25 fr.

On trouve à la même librairie un assortiment considérable de livres anciens, classiques latins et grecs, etc.

www.ingramcontent.com/pod-product-compliance
Ingram Content Group UK Ltd.
Pitfield, Milton Keynes, MK11 3LW, UK
UKHW020943180726
13838UKWH00003B/1093